KB155848

지금부터 다시 시작하는 재테크

RE:테크

—————— 지금부터 다시 시작하는 재테크

RE:테크

장순욱 지음

급변하고, 불확실하고,
복잡하고, 모호한 시대의 재테크

프로야구 팀 혹은 선수가 한 시즌 좋은 성적을 거두느냐는 동계 훈련 기간에 결정된다. 그때 준비를 많이 한 팀과 선수들이 시즌 중 좋은 성적을 거둘 가능성이 높다. 마찬가지로 한파가 몰아치는 불황에 미래를 잘 준비한 사람이 다시 주가가 오르고 부동산 가격이 뛸 때 큰 이익을 볼 수 있다.

이제 재테크에서 예측의 기술이 무척 중요해졌다. 타이밍이 승패를 결정한다는 뜻이다. 가격이 오를 때 팔고 떨어졌을 때 사야 한다. 가격은 꾸준히 오르는 것이 아니라 등락을 거듭하기 때문이다. 우상향의 신화는 깨졌다. 부동산은 좋은 입지를 보는 안목도 필요하고 경매의 기술도 중요하지만 바닥이 언제일지, 오르는 타이밍은 언제인지 알아차릴 수 있어야 한다. 주식도 마찬가지다. 좋은 종목을 고르는 안목도 필요하지만 상승과 하락의 타이밍을 예견하는 기술이 더 중요하다.

등락 시점을 정확히 알 수 있다고 이야기하는 전문가도 있고, 절대 알 수 없다는 전문가도 있다. 그런데 이보다 먼저 알아야 할 것이 있다. 절대 알 수 없는 것과 눈 감고도 알 수 있는 것을 잘 구분해야 한다.

예컨대 내가 동전을 던졌을 때 어떤 면이 나올지 누구도 알 수 없다. 알 수 있다고 말하는 사람은 사기꾼 혹은 도박꾼이다. 특정 면이 나오게 하는 동전 던지기 신공도 없고 타인이 던진 동전의 면을 정확히 맞히는 일도 불가능하다.

그러나 동전을 100번쯤 던졌을 때 앞면과 뒷면이 나오는 횟수가 엇비슷하다. 지금까지 앞면이 45번 나오고 뒷면이 5번 나왔다면 어디에 투자해야 할지 자명하다. 앞으로 50번 더 던졌을 때 훨씬 더 많이 나올 수 있는 뒷면에 베팅해야 한다. 그런데 지금까지 앞면이 압도적으로 많이 나왔다고 해서 또다시 앞면에 돈을 거는 사람들이 의외로 많다.

미래에 대한 예측은 동전을 던져보지 않고도 알 수 있는 것에서 출발해야 한다. 이것이 곧 순리에 근거한 투자이며, 내 자산이 반 토막 나는 일을 막을 수 있는 방법이다. 이것이 얼마나 중요한지를 이해하기 위해서는 시장경제에서 가장 중요한 '보이지 않는 손'을 이해할 필요가 있다. 이에 관한 이야기가 1장에 담겨 있다.

2장은 돈에 대한 이야기다. 그동안 돈을 불리기 위해 재테크를 했지만 돈이 어떤 구조에서 탄생하고 회전하는지에 대해서는 무관심했던 게 사실이다. 그러나 이제 돈을 잘 알아야 한다. 21세기 경제의 흐름이 돈에 붙는 금리에 의해 결정되기 때문이다. 부동산 가격과 주식의 등락 모두 금리와 연관되어 있다. 그렇다면 경제는 어떻게 금리와 연관돼 있고 금리는 또 어떻게 재테크와 연관되어 있는지에 대한 이해가 필요하다.

3장은 현금에 대해 이야기한다. 재테크의 메인은 부동산과 주식이다. 그러나 실제 재테크는 현금에서 시작해서 현금으로 끝난다. 특히 현재와 같은 고금리 시대에 예금은 좋은 재테크 수단이 될 수 있다. 이 같은 예금을 비롯해 보험과 채권 등에 대해서도 알아본다.

4장과 5장은 전통적인 재테크라고 할 수 있는 부동산과 주식에 대해 각각 정리했다. 경기 불황일 때는 부동산과 주식 투자를 해서 큰돈을 벌기가 쉽지 않다. 그러나 지금 어떻게 준비하느냐에 따라 이후 부동산 상승기와 주식 상승기에 돈을 불리느냐 못 불리느냐가 달려 있다. 반드시 지금 씨앗을 뿌려야 한다. 지금 준비하지 않으면 다시 주가가 오르고 부동산이 올랐을 때 투자해봤자 제2의 영끌족, 빚투족이 될 뿐이다. 뒷면이 45번 나온 상황에서 뒷면에 돈을 거는 잘못을 또다시 저지르게 된다.

6장은 재테크를 하면서 염두에 둬야 하는 이야기들을 담고 있다. 부동산이든 주식이든 은행 예금이든 재테크 수단은 각기 달라도 목표는 같다. 돈을 버는 것이다. 돈에 대한 욕망에서 재테크는 출발한다. 일해서 모은 종잣돈이나 은행에서 대출받은 돈으로 재테크를 잘해서 크게 불리고 싶어 한다. 그렇다고 욕망이 뜨겁게 타오르는 사람이 성공하는 것이 아니다. 때론 황금 보기를 돌같이 할 때, 그 돌이 황금이 되는 역설적인 상황이 만들어진다. 이에 대한 이야기가 주로 담겨 있다.

1

2

3

4

5

속절없는 주식, 장기적으로 리커버하라

6

지금부터 다시 시작하는 재테크 10계명

Reset Financial Tech

제 1 장

나의 재테크,
이것만은 알고 리셋하라

노벨경제학상 수상자도
예측하지 못한 불황

1990년대 후반 영국에서 석사 학위를 받고 돌아와 취직을 위해 처음 면접 본 곳이 모 증권회사 국제금융 파트였다. 당시 인사 담당자가 했던 말이 여전히 기억에 남는다. 증시는 돈을 잃는 사람과 버는 사람이 나뉘기에 제로섬 게임처럼 보이지만 사실 주가가 오르면 모두 돈을 벌고, 떨어지면 모두 잃는 곳이라는 설명이었다. 공매도는 물론 선물투자도 드물던 시절이었기에 이 말은 지금보다 더 사실에 가까웠다. 주가가 폭등하면 여의도 증권가 술집이 흥청거렸다.

그 말이 강하게 기억된 이유는 '그렇다면 왜 증시 참여자들은 함께 힘을 모아 주가를 끊임없이 끌어올리지 못할까'라는 의문 때문이었다. 상대가 잃어야 내가 돈을 따는 도박판이 아니라면 서로 어깨를 걸고 주가 상승을 위해 함께 노력할 수 있는 토대가 분명히 있어 보였다.

인터넷이 활성화된 이후 주가가 상승 국면에 있을 때 이 같은 일심동체의 집단적 움직임이 나타나기도 했다. 아주 작은 호재에도 시장 참여자들은 이심전심 '돌격 앞으로'를 외치면서 함께 전진했다. 동학개미로 대변되는 집단적 네트워크가 주가를 끌어올리고, 떨어지는 주가를 방어하기 위해 매수에 나서기도 했다.

사실 부동산도 마찬가지다. 지속적으로 가격이 오르면 부동산 보유자들 모두 돈을 번다. 집을 팔 마음이 없는 1가구 1주택자도 다르지 않다.

따라서 부동산 가격 상승세를 유지하기 위해 시장 참여자들은 강력한 힘을 발휘한다. 부녀회 등을 통해 낮은 가격에 집을 팔지 못하도록 상호 압력을 행사하고 부동산중개사무소는 신고가 행진을 이어가기 위한 물밑 작업에 나서기도 한다.

**시장의 힘은 정부가 부동산 가격 상승을 억제하기 위해 내놓은
각종 정책에도 굴하지 않고 보란 듯이 가격 상승을 이끌어나간다.**

배후에는 유명한 경제학자들이 있다. 노벨경제학상을 받은 폴 크루그먼은 "대규모 경기부양에도 물가 걱정은 없을 것"이라고 호언장담했다. 돈을 마구 풀어 부동산과 주가가 올라도 물가는 오르지 않을 것이라는 주장이다. 저명한 학자들의 이 같은 주장은 미국의 중앙은행 FRB(연방준비제도)가 대량으로 달러를 살포

하는 근거가 됐다. 사람들은 노벨경제학상 수상자의 분석에 박수갈채를 보냈다.

이렇듯 경제가 성장할 때마다 경제학자들은 지속적인 성장이 가능한 방법을 본인들이 찾았고, 그에 따라 경제가 움직이고 있다고 호언장담했다. 경기가 침체에 빠지는 걸 막고 계속 성장하는 길을 찾아낸 경제학자들은 사람들의 지지를 받았다. 경제가 성장하면 정도의 차이는 있지만 어쨌든 대부분 이득을 얻기 때문이다.

사실 영끌족이 상투를 잡게 했던 심연에는 경제학의 이 같은 몽상이 만든 믿음 탓이 크다. 경제도 끊임없이 성장하고 주가와 부동산도 계속 오르기만 할 것이라는 몽상. 그러나 그들의 목소리에 힘이 들어갈수록 어디선가 구멍이 생겼다. 그리고 경제는 침체에 빠졌다.

부자가 되겠다는 열정 가득한 투자자들이 힘을 합쳐 끌어감에도 불구하고 시장은 차갑게 식어간다. 그것을 이해할 필요가 있다. 그래야 냉철한 투자가 가능해진다. 청춘이 영원하기를 소망하지만 결국 늙고야 마는 인간의 삶과 닮았다.

수많은 사람들이 나락으로 떨어진 뒤 노벨경제학상을 받은 폴 크루그먼은 자신의 예측이 틀렸다며 공개 사과했다. 경제학자의 말을 신뢰하기보다 이제 자연의 순리를 이해할 필요가 있다.

영끌족들은 영원히 오를 줄 알았다

2021년 가을부터 주변 사람들에게 이제 떨어질 일만 남았으니 부동산과 주식을 현금화하라고 이야기했다. 하지만 대부분 받아들이지 않았다. 전문가들도 2022년에 주가나 집값이 지속적으로 상승할 가능성이 높다고 전망하는 상황에서 내 말이 받아들여질 리 없었다.

반대로 인플레이션 우려가 높고 금리가 낮기에 지금이라도 당장 부동산을 구매해야 한다고 이야기하는 이들이 많았다. 향후 물가가 크게 오를 경우 집값 역시 덩달아 천정부지로 솟을 가능성이 높다는 경고였다. 은행에서 돈을 빌려서라도 상가와 아파트를 사야 한다는 주장이 힘을 얻었다. 집값 폭등을 목격한 사람들 중에는 조바심을 견디지 못해 높은 가격에 부동산을 구매하기도 했다. 그러나 결국 시장은 2022년 대다수 전문가의 전망과 시장 참여자의 소망을 무시한 채 크게 떨어졌다.

2022년 전 세계를 덮친 인플레이션은 묻지 마 통화 팽창의 결과다. 2008년에 풀린 3조 달러 중 1조 달러도 회수하지 못한 상태에서 코로나19 이후 8조 달러 이상을 쏟아부은 결과다.

그럼에도 불구하고 폴 크루그먼뿐만 아니라 벤 버냉키 FRB 전 의장을 포함한 수많은 전문가들이 인플레이션 우려는 없다고 호언장담했다.

시장은 이미 인플레이션을 감지하고 있는 상황에서

그들은 아니라고 하는 현실을 접하면서, 우리보다 똑똑한 그들이

뭔가 대단한 걸 알고 있지 않겠나 싶은 생각이 들기도 했다.

그들을 믿었던 대가는 혹독했다. 긴축을 머뭇거리자 물가가 폭등하기 시작했다. 자산시장이 과열로 후끈 달아오른 상황에서 장사하는 사람들은 이심전심으로 본인들이 파는 물건 가격을 올리며 마지막 베팅을 시작했다. 비싸게 파는 걸 싫어할 장사꾼은 세상에 없다.

결국 화들짝 놀란 FRB는 경기 침체를 감수하더라도 고물가는 잡아야 한다면서 급격하게 금리를 올리기 시작했다. 조치는 과한 게 낫다고 말할 정도다. 수많은 자이언트 스텝(0.75%p 인상)을 밟았다.

급격한 금리 인상이 몰고 온 킹달러 현상은 세계 경제를 흔들었다. 각국의 환율 전쟁을 불러왔고 자본시장의 후유증은 엄청 났다. 늘어난 달러 빚을 견디기 힘들어하는 모습이 여기저기서 연출되고 있다.

현재의 불황은 끊임없는 우상향을 꿈꿨던 투자자들, 기업들, 정부의 악착같은 노력에도 불구하고 발생한 일이다. 물론 처음이 아니다. 2000년 처음 경제신문 기자가 되고 매일 보았던 것이 〈월스트리트저널〉이었는데, 당시 신문에 자주 등장했던 말이 '신경제'였다. 끊임없는 기술 개발로 제품의 비용을 낮춰 물가를 잡는 한편 공급도 무한히 확대할 수 있기에 더 이상 불황은 없다는 논리였다.

그러나 결과적으로 2008년 리먼 브라더스 사태가 터지면서 신경제가 불황을 없애지 못한다는 사실이 증명됐다. 이후 등장했던 것이 바로 화폐 공급을 통한 우상향의 창출이었다. 경기가 살아날 때까지 금리를 낮추고 돈을 풀어야 한다는 논리였다. 그래도 인플레이션이 발생할 가능성이 없다고 호언장담했다.

경제학을 공부한 나 역시 경제가 끊임없이 우상향할 수 있는 방법에 대해 고민했던 적이 있다.

결론은 주가든 부동산이든 끝없이 우상향하리라는 믿음을 버려야 한다는 것이다. 여름이 있으면 겨울이 있게 마련이다.

끊임없이 상승하리라는 헛된 믿음보다 오르고 내리는 흐름을 잘 읽는 게 우선이다. 1년 365일 좋은 날이 계속될 수 있다는 말을 더 이상 믿지 않아야 한다. 동시에 끊임없이 떨어질 것이라는 비관도 크게 도움되지 않는다. 투자는 흐름을 정확히 파악할 때 성공 가능성이 높아진다.

현실을 직시하기 위해서는 인간의 욕망과 꿈이 만든 허상에서 벗어날 필요가 있다. 허상이 현실이 될 수 있다는 믿음에서 빠져 나와야 한다. 냉정한 현실에 근거할 때 투자에 성공할 수 있다. 인간이 넘어설 수 없는 벽이 있다는 사실을 깨달아야 한다.

오를지 내릴지는 오직 신만이 안다

투자에 성공하기 위해서는 무엇보다 흐름을 잘 읽어야 한다. 가격이 오른다는 전망이 보이면 사고, 떨어질 가능성이 높으면 팔아서 현금을 확보해야 한다. 인플레이션이나 경기 순환, 정부의 통화 정책 등 어려운 경제 지식을 이해하려고 애쓰는 이유도 이 때문이다. 경제 전문가의 이야기를 귀담아듣고 각종 경제 서적을 찾아보는 까닭도 마찬가지다.

그러나 이보다 먼저 해야 할 것이 있다. 누가 흐름을 만들어가는지 알아야 한다. 복잡한 현실과 다이내믹한 변화의 이면에 숨어 세상을 움직이는 주동자를 찾아야 한다. 그렇다면 그 흐름을 만들어가는 것은 누구일까? 가장 영향력 있는 경제주체인 FRB일까? 아니다.

사실 FRB는 배후 조종자 역을 자임했으나 실패했다. 경제의 배후에는 감히 누구도 건드릴 수 없는 보이지 않는 손이 있기 때문이다. 경제는 FRB 의장도, 대한민국 대통령도 아닌 보이지 않는 손이 결정한다. FRB 역시 보이지 않는 손이란 넓은 바다 위에 떠 있는 조각배일 뿐이다. 그렇다면 보이지 않는 손은 어떤 존재일까?

보이지 않는 손을 처음으로 밝혀낸 사람이 바로 경제학의 아버지로 불리는 애덤 스미스다. 그런 점에서 경제학은 보이지 않는 손의 배후 조종을 인지하고 받아들이는 시스템에서 출발했다. 이것이 곧 고전경제학이다. 투자를 잘하기 위해서는 경제를 이해해야 하고, 경제를 이해하기 위해서는 궁극적으로 보이지 않는 손을 알아야 한다. 뒤에서 세상을 주무르는 존재를 모르고 아무리 뛰어봤자 결국 부처님 손바닥 안이다.

경제학자들은 보이지 않는 손이 시장가격을 결정한다고 말한다.
예컨대 가격이 오르면 보이지 않는 손이 떨어뜨리고, 떨어지면 올린다.

보이지 않지만 누구보다 효율적으로 가격을 결정한다. 그 효율성을 믿는 것이 곧 시장경제다.

따라서 보이지 않는 손이 시장을 어떻게 바꿀지 이해하는 것이 투자에서 상당히 중요하다. 이를 이해하지 못하면 부동산 가격이 오르는 시점에서 가격이 천정부지로 솟구칠 것 같은 불안감에 휩싸인다. 반대로 보이지 않는 손의 움직임을 읽고 있다면 유유자적하게 가격이 떨어질 때를 기다릴 수 있다.

반대도 마찬가지다. 가격이 떨어지기 시작하면 더 떨어질 것 같은 불안에 휩싸인다. 더 떨어지기 전에 갖고 있는 주식을 팔아치운다.

그러나 보이지 않는 손의 은밀한 움직임을 눈치챌 수 있다면

그 순간에 주식을 더 사들일 수 있다.

이것이 곧 투자의 바닥판을 구성하는 시장의 흐름을 이해하는 방식이다.

동전 던지기를 하는데 앞면이 10번 연속으로 나왔다. 그렇다면 다음번 동전 던지기에서 어느 쪽에 돈 만 원을 걸 수 있을까? 뒷면이라고 답하는 사람은 앞면과 뒷면이 나오는 횟수가 비슷하다는 사실을 이해하고 있다. 앞면이 10번 나왔으니 이번에는 뒷면이 나올 가능성이 무척 높다고 판단하는 것이다. 그러나 앞면이 10번 연속으로 나오는 것을 보고 계속 앞면만 나올 거라고 착각하는 사람들도 있다.

대부분이 전자에 해당할 것 같지만 사실 후자를 택하는 경우가 의외로 많다. 부동산 가격이 10년 연속 상승했다면 보이지 않는 손의 움직임으로 떨어질 일만 남았다. 그러나 사람들은 10년 연속 올랐으니 앞으로 더 오를 가능성이 높다고 믿는다. 부동산은 결코 떨어지지 않는다는 생각에 사로잡힌다. 주식시장에서도 마찬가지다.

주식 혹은 부동산의 상승과 하강은 동전 던지기와 전혀 다르다고 생각하기 쉽지만 그렇지 않다. 결국 자산시장의 상승과 하강은 동전의 양면이다. 영원한 상승을 모두가 원하지만 보이지 않는 손은 이를 허락하지 않는다.

이것을 이해해야 봄에 씨앗을 뿌리고 가을에 거둬들이며, 겨울에는 다음 봄을 위한 준비에 나서는, 순리에 근거한 투자가 가능하다. 매일 열심히 투자한다고 늘 돈을 버는 게 아니다. 한겨울 얼어붙은 땅에는 씨앗을 뿌려도 싹이 틔지 않는다. 이에 대해 보다 정밀한 이해를 돕는 것이 이번 장의 목적이다.

50 대 50 확률에서
어느 쪽을 선택할 것인가?

우선 동전 던지기부터 시작해보자. 동전 던지기에 세상의 비밀이 담겨 있다. 개인적인 주장이 아니다. 최첨단 현대물리학의 설명이다. 양자역학은 동전 던지기에 근거해 이론을 펼친다. 이른바 확률적 지식이다. 그것이 곧 세상의 순리이자 자연의 이치다.

동전을 던져 어떤 면이 나올지는 세상 누구도 모른다. 위대한 물리학자 아인슈타인은 동전을 던져 특정 면을 도출할 수 있는 물리 법칙을 찾아내고자 했다. '어떤 강도의 힘과 어느 정도 높이로 던지면 뒷면만 나오게 할 수 있다'와 같은 법칙을 말이다. 그러나 실패했다.

그리고 그가 한숨처럼 뱉은 말이 "신이 인간을 버렸다"였다고 한다. 사실 신이 우주를 만들 때 인간은 세상에 없었다. 존재하지도 않은 인간을 어떻게 신이 버릴 수 있겠는가. 우주는 그 자체의 자연법칙에 따라 움직이고 인간은 자연의 일부일 뿐이다.

이후 어떤 물리학자도 여기에 도전하지 않았다. 대신 '동전을 던져 어떤 면이 나올지 누구도 알 수 없다'는 것을 인정하고 시작한다. 노벨물리학상 수상자들도 동전을 던져 어떤 면이 나오는지 정확히 맞힐 수 없다.

물리학자들은 명확히 알 수 있는 한 가지 사실이 있다고 말한다.
바로 앞뒷면이 나올 확률이 각각 50퍼센트라는 것이다.

한 번 던질 경우에는 어느 면이 나올지 전혀 알 수 없지만, 무한 반복으로 던지면 정확히 알 수 있는 역설적 사실의 결합. 이것이 곧 세상의 진실이라고 물리학자들은 설명한다.

복잡한 수학을 몰라도 된다. 이에 대한 설명은 학창 시절 수학 교과서의 확률과 통계 부문에 나온다. 그래서 정말 동전 던지기를 해보았다. 던지면 던질수록 온몸에 소름이 돋는 기분을 느꼈다. 어떻게 동전의 앞면과 뒷면이 거의 절반씩 나올 수 있을까. 개인적으로 신기함과 함께 무서움을 느꼈다.

중학교를 졸업하고 30년, 여기에 연역적 설명 하나를 덧붙인다. '앞면이 나오는 순간 크기는 같고 방향이 반대인 에너지가 동시에 생성되어 시간 속에 저장된다.' 작용 반작용이다. 그리고 그 에너지가 현실이 되는 순간 뒷면이 나온다.

예컨대 동전을 던져 앞면이 나왔다고 해보자. 그 순간 눈에 보이는 건 앞면이다. 그런데 보이지 않는 게 있다. 바로 뒷면이다. 그 보이지 않는 뒷면이 나올 에너지가 시간에 기록되고 저장되며, 이 에너지는 또다시 동전 던지기가 이뤄질 때 현실이 된다. 즉, 뒷면이 나온다. 그리고 그 순간 이번엔 앞면이 나올 에너지가 시간 속에 저장된다.

다소 뚱딴지 같은 이야기로 느껴질 수 있다. 무슨 말인지 당장은 이해가 안 될 수도 있다. 그런데 사실 이 같은 주장을 가장 먼저 한 사람은 물리학의 아버지라고 할 수 있는 뉴턴이다. 뉴턴의 운동 제3법칙이 작용 반작용의 법칙이다. 작용이 일어나는 순간 크기는 같고 방향은 반대인 반작용이 만들어진다는 것이다.

그래서 물리학자는 폭력배가 주먹으로 내 얼굴을 가격하는 순간 물리학적으로 딱히 큰 피해를 본 게 없다고 우스개처럼 말한다. 왜냐하면 그 순간 내 얼굴 역시 같은 크기의 힘으로 폭력배의 주먹을 때렸기 때문이다. 주먹으로 바위를 내리쳤을 때 내 주먹이 부스러지는 이유 역시 내가 때린 것과 같은 크기로 바위가 내 주먹을 가격하는 반작용이 일어났기 때문이다.

이 같은 작용 반작용은 단순히 주먹으로 치는 것뿐만 아니라 세상 모든 일의 원리다. 예컨대 내가 주먹으로 아이를 때리는 순간 아이가 받게 되는 것과 같은 크기의 물리적 충격과 심리적 충격을 나도 입게 된다. 아이가 마음의 상처를 받는 만큼 나 역시 마음의 상처를 받게 될 반작용 에너지가 시간에 저장된다. 그리고 어느 순간 내 가슴에 비수가 꽂힌다.

착하게 살아야 하는 이유가 여기에 있다. 내가 누군가에게 나쁘게 하면, 같은 크기의 반작용이 나를 해코지하기 때문이다. 이것이 곧 세상의 배후에 존재하는 작용 반작용이라는 보이지 않는 손이다.

당연히 경제도 여기서 벗어날 수 없고, 따라서 시장경제는 이를 근본 원리로 받아들인다. 가격이 오르는 순간 같은 크기로 가격을 하락시킬 에너지가 만들어진다. 그렇게 해서 가격은 원래 자리로 돌아간다. 반대도 마찬가지다. 가격이 떨어지는 순간 같은 크기로 가격을 끌어올릴 에너지가 만들어진다. 그렇게 해서 가격은 원래 자리로 돌아간다. 작용 반작용이 곧 보이지 않는 손의 근원이다.

**애덤 스미스는 뭔가 있는데 딱히 표현하지 못하는 상황에서
보이지 않는 손이란 단어를 생각해냈다.**

불황 없는 경제에 모든 것을 걸었던 케인스

A라는 물건의 가격이 오르면 더 많은 기업이 생산에 나선다. 비싼 만큼 이윤이 많이 남기 때문이다. 반면 비싼 가격 때문에 수요는 줄어든다. 그러면 가격이 원래의 균형점으로 떨어진다.

반대도 마찬가지다. 제품의 가격이 떨어지면 수익성이 악화되어 제조를 포기하는 기업이 늘어난다. 반면 저렴해진 가격 탓에 소비자는 더 많이 사게 된다. 그러면 가격이 상승하면서 원래의 균형점으로 돌아간다.

얼마나 신기한 자연의 조화인가. 모든 게 스스로 제자리를 찾아간다. 이처럼 시장경제는 작용 반작용의 원리에 따라 움직인다. 가격이 오르면 그걸 원점으로 돌릴 반작용 에너지가 쌓이고, 그 에너지는 많은 제조업자들을 흥분하게 만들어 더 많이 생산하도록 배후에서 조종한다. 반면 소비자의 구매 의욕을 떨어뜨려 더 적게 사도록 만든다.

결과적으로 가격은 원래대로 돌아간다. 늘 벌어지는 일이라 당연하게 생각될 수 있지만, 분명 배후에는 보이지 않는 손이 있다. 그리고 언제나 정확하다.

이에 반기를 들었던 이들이 있었다. 바로 사회주의자들이다. 이들은 국가가 정확히 계획하고 통제할 때 경제가 더 효율적으로 돌아간다고 주장했다. 가격의 등락에 따른 불편과 빈부 격차의 폐해도 해소할 수 있다고 강조했다. 그러나 완전히 실패했다. 필요 없는 물건은 잔뜩 만들고 정작 필요한 물건은 부족한 상황이 빈번했다. 오히려 독재자 한 사람에게 권력과 부가 편중되었다.

그들의 주장이 맞으려면 국가가 정말로 무오류의 집단이어야 한다. 늘 정확히 통찰하고 날카롭게 세상을 보는 '위대한 수령'이 존재해야 한다. 그러나 그런 사람은 세상에 없다.

시장경제에도 아킬레스건이 존재한다. 회복—호황—하강—불황이 주기적으로 나타난다는 것이다. 소위 경기 순환이다. 이에 반해 인간은 경제가 끊임없이 성장하기를 바란다. 사실 경기 순환도 보이지 않는 손이 만드는 순리다.

경기가 호황에 접어드는 순간 같은 크기의 반작용이 만들어진다.
호황을 누린 만큼 불황을 겪는 것이다. 물론 반대도 마찬가지다.

보이지 않는 손에 모든 것을 맡길 경우 아무리 독한 불황도 언제 그랬냐는 듯 호황 국면으로 전환된다. 따라서 애덤 스미스를 포함한 고전경제학은 불황에 빠져도 모든 걸 시장에 맡겨야 한다고 주장했다.

문제는 그 과정에서 인간이 겪는 고통이 너무 심각하다는 점이다. 노동자는 일자리를 잃고 기업인은 부도로 벼랑 끝에 몰린다. 그러면서 불황 없이 호시절만 이어지는 세상을 꿈꾸는 유토피아적 희망이 사람들 마음속에 커져갔다.

20세기 경제학은 이 문제를 해결하는 데 모든 것을 걸었다고 해도 과언이 아니다. 대표적인 것이 케인스 경제학이다.

영국의 경제학자 존 메이너드 케인스는 경제가 침체에 빠질 경우 국가가 빚을 내서라도 이런저런 공사를 하고 복지 정책을 펼쳐서 국민들에게 돈을 나눠줘야 한다고 주장했다.

그러면 소비가 살아나고, 소비가 살면 경제가 살고, 경제가 살면 세금이 많이 걷혀서 국가는 처음 경기부양을 위해 빌렸던 부채를 갚을 수 있다는 것이다. 경기부양의 선순환이다. 1920년대 미국의 루스벨트 정부가 시행한 뉴딜 정책이 대표적이다. 루스벨트 대통령은 테네시강 유역 개발 등의 공공 프로젝트를 실시하고 복지 정책을 확대하면서 대공황에 빠진 미국과 세계 경제를 살려냈다.

그러나 사실 뉴딜 정책이 성공한 이유는 케인스 경제학 때문만이 아니다. 오랜 경기 침체를 거치면서 반작용 에너지가 쌓였던 것이다. 케인스 경제학 없이도 어차피 호황이 돌아오게 되어 있었고, 그가 태어나기 이전부터 이미 수없이 경험하기도 했다. 케인스 경제학 덕분이라고 착각했던 사람들은 이후 경기가 하락 국면에 접어들 때마다 같은 정책을 제시했으나 1970년대 소위 스태그플레이션(경기 불황 속에 물가가 동시에 상승하는 현상) 상황을 맞아 폐기 수순을 밟았다.

이후 등장한 통화주의도 비슷한 길을 걷고 있다. 통화주의가 폐기되면 또 다른 이론이 등장하겠지만 결과적으로 보이지 않는 손에게 무릎을 꿇을 수밖에 없다.

경제학자들의 이 같은 피나는 노력에 경의를 표한다. 그들의 노력이 경기 순환을 없애는 데는 실패했지만 불황이 강력한 태풍으로 발전하는 것을 막는 데는 지금까지 어느 정도 역할을 했다. 그들의 뜻대로 경제가 흘러가지는 않았지만 없는 것보다는 분명 나았다. 그러나 나의 전 재산을 그들의 논리에 걸어서는 안된다. 알게 모르게 우리의 인식 깊숙이 스며든 유토피아적 패러다임의 신화에서 벗어날 필요가 있다.

어떤 경제학도 자연의 순리를 넘어설 수 없다. 호황을 누렸다면 그만큼 침체를 겪어야 한다. 호황이 이어지는 순간 반작용 에너지가 동시에 만들어지는 탓이다. 그 에너지는 결국 경기 침체를 끌고 온다. 물론 반대도 마찬가지다. 침체가 이어지는 순간 그걸 원래대로 돌릴 반작용 에너지가 동시에 만들어진다.

끊임없이 성장할 것이라는 허상이 아닌 이 같은 자연의 순리에 근거해야 투자에 성공할 가능성이 높다. 재테크와 투자에 성공하기 위해서는 저렴할 때 사서 가격이 오르면 팔아야 한다. 당연한 듯 보이지만 막상 투자의 현장에서는 정반대의 일이 비일비재하다. 보이지 않는 손을 납득할 만큼 알아차리지 못한 탓이다.

정부는 내 자산을 지켜주지 않는다

영화 〈히말라야〉에는 정상을 정복하고 내려오던 두 대원이 시간 지체로 해가 떨어져 어쩔 수 없이 빙벽에 매달려 밤을 지새우는 장면이 나온다. 기온이 영하 수십 도 이하이고 바람이 심한 그곳에서 두 대원은 쏟아지는 졸음과 사투를 벌인다. 그 순간 무섭다고 내려가도 죽고 졸아도 죽는다. 해가 뜰 때까지 버텨야 한다. 그리고 새벽을 지나 아침 해가 떠오르는 순간 둘은 감격의 눈물을 흘린다.

2022년 세계 경제에는 차가운 한파가 몰아치기 시작했다. 모두에게 추운 시간이다. 겨울을 예상하고 월동 대비를 한 이들은 그나마 따뜻하게 견딜 수 있다. 그러나 한파가 찾아오는 것을 모른 채 산에 올랐다 빙벽에 매달린 채 버텨야 하는 운명에 처한 이들도 있다.

5억 원을 대출받아 서울에 아파트를 산 사람은 이제 이자로 한 달에 200만 원 이상을 내야 한다. 월급 300만 원에서 이자 200만 원을 내고 나면 남는 게 없다. 집을 팔고 싶은 마음이 굴뚝같지만 이미 4억 원이나 매매가가 떨어졌다. 지금 판다 하더라도 대출을 갚고 나면 알거지나 다름없다. 10년간 피땀 흘려 모은 돈이 전부 날아간다. 결국 할 수 있는 방법은 버티기다. 히말라야 빙벽에 매달려 아침을 기다리는 산악인의 심정으로 차가운 겨울을 이겨내야 한다. 그러고 나면 분명 봄이 다시 온다.

그것만은 사실이다. 다시 집값이 회복되는 날이 온다. 그보다 앞서 금리가 떨어지는 날이 온다. 집값이 예전만큼 회복되지는 않아도 금리가 떨어지면 버틸 수 있다.

그런데 한 가지 사실은 그 순간이 언제 올지 누구도 알 수 없다는 점이다. 금리 인하는 정책 당국이 결정하는 일이라 사전에 어느 정도 인지는 가능하다. 그러나 침체에 빠진 경제가 정확히 언제 회복될지는 누구도 알 수 없다. 금리를 내렸다고 꼭 경제가 살아나고 부동산이나 주식이 오르리라는 법도 없다. 동전을 던져 어떤 면이 나올지 알 수 없는 것과 같다.

그러나 언젠가는 회복된다. 동전을 던져 어느 면이 나올지 알 수 없지만 앞면과 뒷면이 나올 확률은 반드시 절반이듯이 말이다. 침체 혹은 불황이 있었던 만큼 호황은 찾아온다. 보이지 않는 손이 만들어가는 세상의 움직임이 이와 같다. 더불어 충분히 침체의 시간을 통해 바닥을 다지고 나서 회복기에 접어들 가능성이 높다. FRB가 금리 인하를 한다고 해서 회복되는 것이 아니다.

지금 빙벽에 매달려 있는 사람의 입장에서는 그 시간이 빨리 오기를 소망한다. 그러나 누구도 시기를 앞당길 수는 없다.

이런 상황에서는 비관적인 전망이 오히려 도움이 된다. 괜한 희망 고문에 빠져 스스로 피폐해지는 것을 막을 수 있다. 단단히 마음먹을 필요가 있다. 영영 오지 않을 것 같지만 결국 아침은 온다. 그때까지 버텨야 한다. 그 희망을 버릴 필요는 없다. 그러나 당장 내일 좋아질 거라는 희망은 갖지 않는 게 좋다.

정부와 정치인들이 세상 모든 일을 해결할 수는 없다. 세상에 그런 능력을 가진 존재는 없다. 결국 해주는 척하는 것에 지나지 않는다. 어쩔 수 없고 안타까운 표정으로 이야기를 한다. 이타적인 마음을 갖고 정치를 시작한 이들이 결국 이기적인 자들이라고 욕먹는 이유가 여기에 있다. 거기에 현혹돼 마치 그들이 다 해결해줄 거라는 착각에 빠져선 안 된다.

장밋빛 전망을 믿으면
호구가 될 뿐이다

침체에 빠진 경제가 언제 회복될지 정확히 알 수는 없지만 어느 정도 짐작할 수 있는 매개가 있다. 그런 맥락에서 경기의 등락은 동전 던지기의 무척 특별한 경우라고 할 수 있다. 호황은 앞면만 나오는 시간이고 불황은 뒷면만 나오는 시간이라고 하자. 뒷면만 나오는 불황의 시간 속에서 불쑥불쑥 앞면이 나오기 시작한다면 경기가 회복 국면에 접어들고 있다는 신호다. 강남에서 제비 한 마리가 왔다고 당장 봄이 오는 건 아니지만 제비가 날아왔음을 인지한다면 곧 봄이 온다는 사실을 알아차릴 수 있다.

이것을 이해하는 것이 상당히 중요하다. 남보다 먼저 준비하면 부동산과 주식의 바닥에서 투자에 나설 수 있다. 다른 사람들은 여전히 겨울이라고 생각할 때 봄이 성큼 와 있음을 알아차리면 먼저 씨앗을 뿌릴 수 있다. 그럴 때 투자에 성공할 가능성이 높다. 그러기 위해 경기 순환에 대해 더 정확히 인식해야 한다.

경기 순환은 회복—호황—하락—불황(침체)을 주기적으로 반복하는 것이다. 과거엔 불황이란 단어를 많이 사용했으나 지금은 침체란 말이 더 자주 등장한다. 여기서 우선 경기 하강부터 살펴보자. 경기 하강은 경기가 정점을 지나 평균 수준으로 떨어질 때까지를 말한다.

경기가 하강하기 시작했다고 하면 사람들은 슬슬 찬바람이 불어오는 초가을을 떠올린다. 정점을 기준으로 보기 때문이다. 예를 들어 한여름 낮 기온이 최고 35도를 찍은 그다음 날 33~34도를 기록했다고 하자. 1도 떨어졌지만 여전히 덥다. 오히려 더 덥기까지 하다. 대지에 축적된 열기 때문이다. 그러나 겨울은 이때 이미 시작된다.

경제도 마찬가지다. 1/4분기 경제 성장률 3.5퍼센트에서 2/4분기 3.4퍼센트, 3/4분기 2.9퍼센트를 기록했다고 하자. 이 순간 이미 경기 하강은 시작됐다. 그러나 시장은 오히려 더 뜨거워진다. 성장률은 떨어졌지만 경제는 여전히 성장하고 있기 때문이다.

그런 이유로 경기가 나빠지는 것을 피부로 실감하기 어렵다. 하강 조짐이 보인다는 보도가 나오는데 실물경제는 활황세를 이어간다. 경기가 후퇴기에 접어들었는데 소비가 오히려 늘어나고 있다는 기사가 나오기도 한다.

특히 경기에 후행하는 부동산 시장은 이때 과열 조짐이 나타나기도 한다. 산업이나 금융시장에 있던 돈이 부동산으로 쏠리면서 마지막 불꽃을 태운다.

순리에 근거한 투자자는 이때부터 어느 정도 익은 과실수를 따기 시작한다. 열매가 더 크게 자랄 수 있다거나 더 많이 달릴 수 있다는 유혹을 냉정하게 외면한다.

그중에는 좀 더 잔인한 사람들도 있다. 입으로는 주가가 더 폭등할 것이라는 희망을 노래하면서 손으로는 보유 주식을 파는 이들이다. 그들이 판 아주 비싼 값의 주식이나 부동산은 누군가의 상투가 된다.

이 상황에서 정부는 굳이 비관적으로 경기가 하강 국면에 접어들었다는 말을 하지 않는다. 아직 뜨거운 한낮의 기온을 무기로 경기가 쭉 괜찮을 것이라고 국민을 안심시킨다. 약간의 하강 조짐은 숨 고르기일 뿐이며 다시 펄쩍 뛰어오를 수 있다고 말한다. 경제학자들은 본인들의 설계도대로 움직이면 침체는 없다고 자신 있게 이야기한다.

바깥 날씨가 뜨거운 상황에서 '아직 경기가 식지 않았으며 금방 다시 달아오를 것'이란 말은 달콤하게 들린다. 뜨거운 여름을 기억하는 사람들은 심리적으로 애써 추운 겨울이 다가오고 있음을 외면한다. 정부와 경제연구소의 장밋빛 전망은 이 같은 사람들의 심리에 확신을 더해준다.

이 같은 정부와 연구소의 말을 철석같이 믿는 사람들은 대개 태양이 중천에 떠오를 때까지 아무것도 먹지 못한 사람들이다. 남들이 많이 먹을 때 제대로 먹지 못했기에 마음이 급하다. 주식이나 부동산 시장에서 상투를 잡는 경우는 이 같은 말에 혹할 때이다.

사실 경기 하강은 이미 지난 2019년 코로나19 이전에 시작됐다. 코로나19로 인해 경기 침체의 기운이 급격히 현실이 됐는데, 당시 각국 정부는 경기 침체를 막기 위해 돈을 그야말로 쏟아부으면서 경기가 다시 살아날 수 있다고 강하게 이야기했다.

개인적으로는 당시 정부는 침체를 막기 위한 전략이 아닌 서서히 진행되도록 움직였어야 했다. 그러나 장기간 물가 안정이 유지되는 상황에서 중앙은행은 급격한 금리 인하에도 물가가 상승하지 않을 수 있다고 착각했다. 결과적으로 하락세에 있던 경제를 반등시키기보다 떨어지는 칼날을 맨손으로 잡고 버틴 셈이다. 그러다 각국의 중앙은행은 결국 금리 인하라는 생명 연장의 호흡기를 스스로 뽑아버렸다.

공부에 취미를 잃어버린 학생은 아무리 비싼 과외를 해도 성적이 크게 오르지 않는다. 공부하기 싫을 땐 어쩔 수 없다. 안타깝지만 그대로 두어야 한다. 그러나 부모 마음이 그렇지 않다. 사실 경제를 바라보는 전문가들의 시선도 다르지 않다. 성장에 흥미를 잃은 경제를 살리기 위해 달러를 찍어 비싼 과외 선생을

경기 상승	회복	저점에서 경기가 조금씩 나아지는 때
	호황	상승 속도가 빨라지고 경제활동이 활발해진다. 잠재성장률 이상으로 경제가 몸집을 키우면서 거품이 조금씩 끼기 시작한다.
경기 후퇴	하강	경기가 정점을 지나 평균 수준으로 떨어질 때
	불황	잠재성장률보다 더 낮은 수준으로 경제성장률이 떨어지는 때

갖다 붙였지만 순리를 넘어설 수는 없다. 결국 학원비만 비싸졌다. 이것이 곧 인플레이션이다.

아직 태양이 뜨겁지만 겨울이 시작됐음을 느꼈을 때 순리에 근거한 투자를 해야 한다. 뜨거운 태양 아래서 월동 계획을 세워야 상투 잡는 것을 피할 수 있다.

떨어지는 그래프가
언제 다시 상승할까?

회복 국면도 마찬가지다. 회복 국면은 떨어지는 성장률이 회복하기 시작하는 순간이다. 그러나 마이너스(-) 성장이 플러스(+)로 회복된다는 뜻은 아니다. 회복 국면의 초반 성장률은 여전히 마이너스일 수 있다. 예컨대 1/4분기 -3.4퍼센트 성장에서, 2/4분기 -2.4퍼센트, 3/4분기 -1.7퍼센트 성장을 기록했다면 성장률 그래프는 우상향으로 바뀌지만 경기는 여전히 마이너스를 기록한다. 체감 경기는 겨울이고 불황이지만 흐름이 바뀌어 있다. 하락과 침체의 시간 속에 쌓였던 반작용 에너지가 조금씩 현실로 쏟아지면서 정반대의 상황을 만들어간다. 그것을 인지할 수 있어야 한다.

결과적으로 관심 있게 봐야 할 대목은 언제 플러스 성장을 하느냐가 아니다. 떨어지던 그래프가 언제 올라가느냐이다. 비록 마이너스 성장이지만 지난 분기보다 폭이 줄었다면 반등의 조짐이 보이는 셈이다. 이때 주식시장은 이미 바닥을 다지고 상승 국면으로 전환하기 시작할 가능성이 높다. 봄을 가장 일찍 감지하는 능력자들이 모여 있는 곳이 주식시장이다.

지금처럼 인플레이션이 심한 상황에서는 명목상 경제 성장과 실질적 경제 성장을 구분할 필요가 있다. 예를 들어 지난해 우리나라 경제가 3퍼센트 성장했다고 하자. 그런데 물가가 5퍼센트 올랐다. 이럴 경우 명목 성장률은 3퍼센트이지만 물가를 감안한 실질 성장률은 −2퍼센트가 된다.

쉽게 말해 작년에 100만 원을 벌다 올해 103만 원을 벌었다면 3만 원 더 벌었다. 그러나 물건 가격이 100만 원에서 105만 원으로 올라버렸다. 지난해 100만 원을 주고 살 수 있었던 물건이 이제 103만 원을 벌어도 살 수 없다. 2만 원이 부족하다. 명목상 3만 원이 남았지만 실제로는 마이너스다.

우리나라 경제는 2022년 3퍼센트 가까운 성장률을 기록했다. 언뜻 보기에 코로나19와 금리 인상이라는 악조건 속에서 선방한 듯 보인다. 정부도 이와 같은 맥락으로 이야기한다. 그런데 물가가 5퍼센트 이상 올랐으니 실질적으로 마이너스 성장을 기록한 셈이다.

실질 성장률로 계산하면 세계 경제는 침체라고 할 수 있다. 실제 2022년 미국의 1분기 국내총생산(GDP) 실질 성장률은 −1.6퍼센트였으며, 2분기도 −0.6퍼센트였다.

그런데 여기서 유심히 봐야 할 것이 있다. 2분기 연속 마이너스 성장을 했지만 그 폭이 좁아졌다. 개인적으로 2018년 이후 시작된 경기 하락세가 침체기를 지나 회복세에 올라섰다는 신호로 받아들일 수 있다. 그렇다면 본격적인 투자에 나설 때일까?

　아니다. 문제가 생겼다. 인플레이션이다. 사실 경기 침체에는 물가가 떨어져야 한다. 아무래도 사람들의 호주머니 사정이 여의치 않고, 기업은 물건을 싸게 팔아야 한다. 호떡 장수도 손님이 돈이 없으면 100원이라도 깎아줘야 한다. 따라서 침체기에는 물가가 오르기 힘들다.

그런데 국내총생산의 실질 성장률이 2분기 연속 마이너스를 기록하는 동안 미국의 물가는 8퍼센트 넘게 뛰어올랐다. 시중에 돈이 많이 풀렸기 때문이다.

　결과적으로 돈을 풀어 경제를 살리고자 했던 FRB는 침체를 막지 못한 가운데 물가만 올렸다.

　이런 상황에서 중앙은행은 경기 회복이 달갑지 않다. 물가를 더 자극할 가능성이 높기 때문이다. 따라서 중앙은행은 인플레이션 억제를 위해 금리를 높은 수준으로 유지할 필요가 있다. 코로나19 국면이 마무리되면서 살아나려는 경제를 이제 억지로 눌러 죽여야 한다. 경기 침체까지 감수하겠다는 결연한 의지가 담긴 FRB 의장의 말이 이와 같다. 그렇지 않으면 금과옥조 같은 달러가 망가진다.

코로나19에 직면해서 침체된 경제를 살려보겠다고 돈을 쏟아붓고 금리를 내리던 FRB가 이제는 반대로 살아나는 경기를 죽이겠다며 금리를 크게 올리고 있다. 앞면이 한 번 나왔으면 뒷면이 나오게 되어 있는 자연의 순리가 그 안에 투영되어 있다.

살리기는 어려워도 죽이기는 쉬운 게 세상이다.

죽어가는 사람을 살리는 것은 그 반대보다 어렵다. 멋진 작품을 만들기는 어렵지만 명작을 망가뜨리는 것은 순식간이다.

코로나19 국면이 회복되면서 살아나려는 경제를
중앙은행이 죽이는 것은 썩 어렵지 않다.
금리를 올려 경기를 다시 한 번 더 깊은 침체로 끌고 갈 수 있다.

물론 많은 투자자들이 희망하듯이 금리를 내려도 상황은 달라지지 않는다. 오히려 더 심각해질 수도 있다. 물가가 치솟으면서 경제 시스템 자체가 붕괴될 수 있기 때문이다. 19세기 유럽 경제처럼 더 뜨겁게 타올랐다가 폭삭 무너질 가능성이 높다. 사회주의가 그 과정에서 탄생했다. 고금리라는 수술의 고통을 참는 것이 장기적으로 낫다고 생각하는 것이다.

따라서 본격적인 회복 국면은 조금 더 긴 시간이 필요할 가능성이 높다. 몸이 완전히 회복될 때까지 기다려야 한다. 물가 상승에 대한 우려가 없는 상태에 이르러야 침체에서 벗어날 수 있다. 그 과정에서 수없이 많은 지뢰밭을 건너야 한다. 곳곳에 숨어 있는 지뢰가 터지면 큰 고통이 찾아올 수 있다.

동전을 던져 어떤 면이 나올지 알 수 없듯이 어떤 상황이 전개될지 누구도 알지 못한다. 그러나 장담할 수 있는 한 가지가 있다. 언젠가 회복된다는 것과, 겨울이 추우면 그만큼 여름이 뜨거울 수 있다는 사실이다. 세계 경제에 아무리 큰 한파가 몰아쳐도 희망을 가질 수 있는 근거가 여기에 있다.

미국의 기준금리, 언제까지 오를까?

돈 잔치에 취한 세계 경제를 깨우기 위해서는 지뢰밭을 잘 넘어가야 한다. 먼저 관심을 갖고 봐야 할 것은 당연히 미국의 기준금리다. 취해 쓰러진 세계 경제를 깨우는 숙취해소제가 금리인상인데, 어떤 부작용이 발생하는지 봐야 한다.

우선 금리가 오르면 기업의 채권금리도 따라 오른다. 기업이 자금 조달을 하는 데 더 많은 이자를 줘야 한다는 뜻이다. 더 많은 이자를 주고서라도 채권시장에서 돈을 조달하는 기업은 그나마 다행이다. 신용등급이 낮은 기업은 이마저도 어려워진다. 이렇게 채권시장에서 기업이 자금을 조달하기 어려워지면 부도 가능성이 높아지고 주가도 떨어진다. 주가 하락은 새로운 공포를 유발해, 채권시장에서 자금 조달이 더 어려워진다.

이 같은 악순환이 어디까지 번지는지 봐야 한다. 모든 것이 혼란스러운 상황에서 자칫 우량기업이 부도가 나면서 경제 전체가 패닉에 빠질 수 있다.

강달러로 인한 파장 역시 유심히 봐야 한다.
특히 개발도상국의 시장 상황을 눈여겨볼 필요가 있다.

미국의 금리 인상은 킹달러를 유발해 채무국의 상환에 부담을 가중시킨다. 예컨대 환율이 달러당 1천 원일 때는 1억 달러를 갚기 위해 1천억 원만 있으면 된다. 그런데 환율이 달러당 1500원으로 오르면 1500억 원을 줘야 달러 빚을 갚을 수 있다. 아무 짓도 안 했는데, 빚이 50퍼센트 증가한 셈이다. 여기에 금리 인상으로 이자까지 증가했다. 빚을 갚기 위해 2천억 원이 필요할지도 모른다. 그만큼 갚기 힘든 상황이 됐고, 따라서 못 갚겠다고 디폴트를 선언하는 국가가 발생할 가능성이 높다.

아울러 러시아-우크라이나 전쟁도 눈여겨봐야 한다. 단기전으로 끝날 것 같았던 전쟁이 어떻게 될지 알 수 없는 상황으로 지속되고 있다.

큰 지뢰가 터지지 않고 금리 인상 국면이 마무리되면 어느 순간 세계 경제가 숙취에서 깨어나는 때가 온다. 그때가 바로 인플레이션이 잡히는 순간이다.

따라서 금리 인상 국면이 마무리된 이후에는

인플레이션이 언제 안정화되느냐를 잘 봐야 한다.

물가 상승은 각국 중앙은행이 가장 민감하게 반응하는 지표다. 물가가 5퍼센트 오르면 명목 GDP가 3퍼센트 성장해도 사실상 마이너스 성장이고, 이자율이 4퍼센트이면 실질 금리는 −1퍼센트다. 물가가 오르면 서민이 고통받고, 경기 침체에 빠지고, 화폐의 신용도가 떨어진다. 모든 게 엉망이 된다.

따라서 상당 기간 중앙은행은 물가상승률에 맞춰 금리 수준을 유지할 가능성이 높다. 예컨대 물가상승률이 5퍼센트대를 기록하고 있는 상황에서 예금금리가 5퍼센트 이상 되도록 기준금리를 정할 가능성이 높다. 그래야 '화폐'를 보유한 사람들이 손해 보지 않으면서 돈의 신용도가 유지되고, 화폐의 신용도가 유지되어야 경제가 정상적으로 작동할 수 있다.

결과적으로 인플레이션이 안정적으로 돌아서는 순간이 금리가 떨어지는 때일 가능성이 높다.

하늘이 무너져도 그 순간 솟아날 구멍이 동시에 만들어진다. 힘들고 어려울수록 보이지 않는 손에 의해 시간 속에 원래대로 돌릴 에너지가 쌓인다. 결과적으로 모든 지뢰밭을 건너는 날이 온다. 물론 언제일지 정확히 알 수는 없다.

세계 경제는 이미 순수하게 보이지 않는 손에 의해서만 운영되지 않는다. 더 멋지게 만들 수 있다는 인간의 기대감이 함께 버무려져 있다. 보이지 않는 손을 이길 수는 없지만 그 위에서 어떻게 세계 경제라는 거대한 배를 조종하느냐에 따라 상황은 유동적이다.

인구가 줄어들면 내 자산도 줄어든다?

고등학교 2학년 학생의 영어 단어 시험 점수가 1년 내내 80점이라고 하자. 그러면 엄마는 어떤 생각을 하게 될까? 더 이상 나아지지 않는다고 생각한다. 공부를 안 한다고 꾸짖기까지 한다. 공부하면 점수가 올라가야 하는데 그렇지 못하기 때문이다.

그러나 사실 아이는 정말 최선을 다해 공부하고 있다. 끊임없이 영어 단어를 외우고 있다. 그런데 그가 싸워야 하는 또 다른 괴물이 있다. 바로 반작용이다. 영어 단어를 외우고 시간이 지나면 잊게 마련이다. 단어를 잊지 않으려고 외우고 또 외워 80점을 유지하고 있다.

전혀 외우지 않으면 0점에 근접할 것이다. 이에 저항하면서 버티고 있다. 이것이 곧 균형점이다. 치열하게 버티고 있는 아이에게 박수를 보내야 한다. 그런데 우리는 나아지지 않는다고 비난한다.

경제 성장도 마찬가지다. 언제까지 계속 성장할 수는 없다. 성장이 멈추는 시간이 찾아온다. 성장이 멈춘다고 아무것도 하지 않은 게 아니다. 그걸 끌어내리려는 반작용과 싸우고 있다.

대표적인 반작용이 자원 고갈이다. 초기 경제학은 에너지 고갈을 전혀 생각하지 못했다. 자원이 무한하다고 가정했다. 하지만 그렇지 않다. 성장을 위해 에너지를 더 많이 쓸수록 자원은 더 빨리 사라진다.

자원 고갈보다 더 극적으로 작용 반작용을 보여주는 것이
바로 인구 감소이다. 경제가 지속적으로 성장하기 위해서는
일자리와 더불어 일할 사람이 늘어나야 한다.

그런데 인구가 감소하고 있을 뿐만 아니라 고령화로 인해 경제활동 가능 인구의 비율이 더 급속하게 떨어지고 있다. 아무리 노력해도 인구가 늘지 않는다. 국가 정책이 잘못되어서가 아니다. 여름이 지나면 겨울이 오는 것과 같은 원리다. 겨울이 오는 것을 인간의 힘으로 막을 수 없다. 영어 점수 80점을 유지하는 학생처럼 세계 경제는 이렇듯 다시 원점으로 되돌리려는 반작용을 힘겹게 버티고 있다.

선진국은 특히 균형점에 힘들어하는 모습이 확연하다. 미국과 유럽 그리고 일본의 제로금리 정책은 균형점에서 버티기 힘든 경제를 살리기 위한 마지막 시도에 가까웠다. 그러나 경제를 끌어올리기보다는 부동산 가격만 폭등하고 물가 상승으로 화폐의 신뢰도가 추락할 위험에 빠졌다.

우리나라는 1960년대와 1970년대 연 10퍼센트 이상 가파르게 성장했고, 그 뒤에도 꾸준히 우상향 곡선을 만들고 있다. 1인당 국민소득은 60달러대에서 2만 5천 달러 이상 늘었다. 그리고 대다수 사람들이 더 높은 경제 성장을 요구하고 있다. 그러나 우리 역시 성장이 멈추는 시점이 온다. 성장하는 동안 쌓이는 반작용 에너지가 퇴보하도록 만든다. 퇴보하지 않고 버티는 것만으로도 힘든 시간이 분명 찾아온다. 경제가 점차 쪼그라드는 시대가 올 수도 있다.

자원은 고갈되고 인구는 감소하면서 고령화되어 가는 현 시점에서
저성장 시대가 이미 시작됐다고도 할 수 있다.
사람도 없고 자원도 없는 상황에서 성장은 불가능하다.

물론 반론도 만만치 않다. 지금까지 그랬던 것처럼 기술 혁신으로 모든 문제를 극복할 수 있다고 주장하는 사람들도 있다. 인력 부족은 로봇으로 메우고 자원 고갈은 대체 연료 개발로 가능하다고 말이다.

일본과 같은 장기 침체는 아니더라도 우리나라를 포함한 세계 경제가 장기적으로 조금씩 하락 국면에 접어들 가능성은 분명 높아지고 있다. 산업혁명 이후 300년 가까이 경제는 지속적으로 성장해왔다. 그러면서 이미 시간 속에 세계 경제의 성장을 떨어뜨리려는 강한 힘을 만들어왔다.

지난 40년간 세계 경제의 하락을 막아준 버팀목은 사실 중국이었다. 거대한 시장으로서 각국의 제품을 구매했을 뿐만 아니라 저렴한 공산품을 전 세계에 공급함으로써 각국이 낮은 물가 상승률을 유지하는 데 중요한 역할을 했다. 메이드 인 차이나를 폄하하기도 하지만 중국산이 없었다면 한국 경제는 이미 심각한 인플레이션의 고통에 시달리고 있었을 것이다. 그러나 더 이상 중국이 이 같은 역할을 담당하기는 어렵다. 중국 역시 고령화 시대에 도달하면서 성장 잠재력이 떨어지고 있기 때문이다. 아울러 경제 블록화로 국가 간 거래비용이 증가하고 있다.

저성장은 투자하는 입장에서 결코 달가운 일이 아니다. 경제가 성장해야 먹을 것이 많아진다. 하지만 막연하게 높은 성장률을 달성할 수 있다고 생각하기보다 순리에 따라 냉정하게 현실을 인지한다면 내 재산을 지키고 불려나갈 수 있다.

내가 팔면 떨어지고 사면 오르는 타이밍

주식 투자에 실패한 사람들이 자주 하는 말이 있다. 내가 사면 떨어지고 팔면 오른다는 푸념이다. 그러면서 알토란 같은 돈을 잃는다. 시장 흐름을 정확히 못 읽거나 주식을 잘못 사서 그렇다고 생각한다. 하지만 꼭 그렇지만은 않다. 왜냐하면 돈을 번 투자자도 같은 경험을 하기 때문이다. 그들도 본인이 주식을 사면 떨어지는 경험을 한다. 단, 주가가 떨어졌다고 무작정 팔지 않는다.

내가 산 주식이 폭락하면 심리적 공황에 빠지기 쉽다. 2만 원에 산 주식이 1만 원으로 떨어지면 언제 회복될지 감이 전혀 안 잡힌다. 3~4년을 기다려야 할 수도 있다. 그동안 얼마나 마음이 불안한가. 그걸 참고 견뎌야 수익을 낼 수 있다.

돈을 번 사람은 주식을 사자마자 가격이 오른 것이 아니다. 주가가 떨어지고 나서 다시 오를 때까지 긴 고통의 시간을 참고 견딘 사람이다.

내가 처음 주식 투자를 했을 때가 IMF 직전이었다. 주가가 상당히 좋았다. 그런데 금융위기가 터지자 폭락하기 시작했다. 당시 종금사 한 곳과 삼성물산 주식을 보유하고 있었다. 종금사는 부도난 뒤 정부의 구제금융을 받지 못해 주식이 휴지 조각이 되어버렸다. 삼성물산은 거의 3분의 1 토막이 났다. 손해를 보더라도 팔아버릴까 했지만 아예 없는 셈치고 그냥 잊고 지내기로 했다. 그러다 2000년경 주가가 한창 폭등했을 때 다시 계좌를 열어보니 삼성물산 주식만으로도 내가 투자했던 원금이 회복되어 있었다.

재테크는 돈이 돈을 버는 일이 아니다.
그만큼의 노동도 필요하고 정신적 고통도 참고 견뎌야 한다.

살고 있는 아파트와 구매한 건물을 담보로 돈을 빌려 13억 원짜리 원룸 건물을 산 사람이 있다. 금리가 낮을 때는 이자를 내고도 400만 원 정도의 수익이 발생했다. 본인 월급보다 더 많은 돈이 들어왔다. 완전히 신세계였다. 쉽게 돈 버는 길이 있는데, 괜히 힘들게 회사를 다녔다고 웃으며 이야기했다.

그런데 금리가 올라 매달 지불해야 하는 이자만 2배 이상 불어났다. 공실 없이 모두 임대를 주고도 남는 게 없다. 공실이라도 한두 개 생기면 수익률은 마이너스다. 더구나 꼬박꼬박 세금을 내야 한다. 월세가 전부 이자로 나가는 상황인데도 국세청은 어떤 자비도 베풀지 않는다. 임대소득은 불로소득이라는 이유로 이자 지출에 대해 세금 공제를 해주지도 않는다. 그분이 한숨처럼 했던 말이 '세상에 공짜 없다'였다.

결과적으로 고금리의 시간을 버텨야 한다. 누구도 그 빚을 대신 갚아줄 사람은 없다. 금리가 다시 떨어질 때까지 기다릴 수 있어야 한다. 힘들다고 털고 나오면 손해를 볼 수도 있다. 남보다 똑똑해서 재테크에 성공한 것이 아니라 끈기 있게 참고 버텼기 때문이다.

재테크는 돈 놓고 돈 먹기가 아니다.
시간과의 싸움이다.

돈을 투자하고 시간이 키워주는 과정에서 모든 어려움을 견디면 시간 속에 그에 대한 보상의 에너지가 쌓여간다.

굽은 나무가 산 정상을 지킨다는 말이 있다. 볼품없지만 거친 바람을 잘 견디기 때문이다. 이것이 세상의 공평함이다. 너무 똑똑해서 조급하게 서두르다 실패할 수도 있다. 똑똑하지 못해도 우직하게 버텨서 성공할 수도 있다. 이것이 순리에 근거한 공정함이다.

Remind Financial Tech

제 2 장

재테크의 핵심,
돈의 원리를 리마인드하라

문제는 돈의 양이 아닌 가격,
즉 금리

20세기 말까지만 해도 대한민국에서 국가 경제의 최고사령관은 경제부총리였다. 경제를 기획하고 돈을 배분하는 책임자인 부총리는 계획경제로 성공했던 대한민국의 야전사령관이었다. 한국은행 총재는 그 밑에서 자금 조달을 담당하는 한 명의 장수쯤으로 여겨졌다.

그러나 지금은 다르다. 경제부총리(기획재정부 장관 겸임)보다 한국은행 총재의 입에 관심이 집중된다. 그의 한마디에 시장이 울고 웃기도 한다. 미국의 중앙은행인 FRB 의장의 말에 전 세계 모든 사람들의 이목이 쏠린다.

그만큼 돈의 역할이 중요해졌다. 과거에는 돈이 움직이는 구조를 잘 몰라도 재테크하는 데 큰 문제 없었다. 그러나 이제는 돈의 의미를 정확하게 이해해야 한다. 매일 접하는 돈이 어떻게 생겨나는지 그 탄생의 비밀까지 알아야 내 돈을 지키고 또 불릴 수 있다. 돈을 모르고 투자하는 것은 무기 없이 전쟁에 나가는 것과 같다.

대한민국에서 돈이 태어나는 곳은 한국은행이다. 그런데 한국은행이 화폐 발행보다 더 중요하게 생각하는 것이 있다. 돈의 가격을 정하는 것, 바로 금리다.

한국은행 총재는 1년에 8번 기준금리를 발표한다. 여기에 국민의 시선이 쏠린다. 기준금리가 예금 및 대출 이자에 영향을 미치기 때문만은 아니다.

사실 돈에 이자가 붙지 않았던 적은 없다. 2000년 전 예수는 고리대금업에 혈안이 된 유대인들에게 "당신들이 천당에 가는 건 낙타가 바늘구멍을 통과하는 일만큼 어렵다"는 독설을 퍼붓다가 그들의 손에 죽었다. 이자는 그때나 지금이나 돈으로 돈을 버는 독하면서도 달콤한 것이었다.

그러나 지금처럼 금리를 경제 정책의 주요 수단으로 삼았던 적이 없었다.

그것을 이해하기 위해서는 20세기 케인스 경제학과는 다른 21세기 경제 정책의 패러다임인 통화주의를 알아야 한다.

각국 정부가 21세기 들어 지속적인 경제 성장을 위해 택한 것은 금리 조절 등 통화 정책을 통한 경기 운영이다. 이것이 곧 통화주의다. 예컨대 경기 침체에 접어들면 금리를 낮춰 경제를 살리고, 반대로 과열되면 금리를 올려 냉각시키는 방식이다. 이를 통해 잠재성장력 수준의 경제 성장을 지속적으로 이끈다는 목표이다. 간단하면서도 설득력 있다.

케인스 경제학이 돈을 풀어 소비를 촉진하는 데 초점을 맞췄다면, 통화주의는 금리를 낮춰 투자를 촉진하는 데 좀 더 초점을 맞추고 있다. 예를 들어 경기가 하락 국면에 접어들면 떨어지는 속도에 맞춰 서서히 금리를 내린다. 은행에 돈을 넣어두어 봐야 큰 이득이 없다. 도전 정신이 강한 이들은 벤처기업을 하거나 피자 가게를 하는 등 저금리로 대출받아 성공을 위한 창업에 나선다. 이에 따라 경제가 회복세로 돌아설 수 있다.

경제가 과열됐을 때는 반대다. 중앙은행은 금리를 서서히 높이기 시작한다. 벤처기업을 하거나 피자 가게를 내려고 했던 사람들이 생각을 바꾼다. 은행에 돈을 넣어놓고 높은 이자를 받는 게 낫다고 판단한다. 그만큼 실물경제에 투입되는 실탄(돈)이 줄어들면서 경기는 소강 상태로 접어든다.

이렇듯 중앙은행이 금리를 포함한 통화량 조절만 잘한다면 잠재성장력 수준의 지속적인 성장이 가능하다고 21세기 주류 경제학은 생각했다.

사실 금리를 정부가 아닌 시장, 즉 보이지 않는 손에 맡겨놓을 수도 있다. 예컨대 건물을 짓거나 사업하는 사람은 필요한 돈을 어느 정도 빌려야 한다. 반면 현금 보유자는 대가를 받고 빌려준다. 그 대가가 바로 이자다. 그 사이를 중개해주는 것이 은행이다.

돈을 빌려주는 사람보다 빌리는 사람이 많아지면 금리는 자연스럽게 올라간다. 금리가 올라가면 비싼 이자 탓에 건물을 짓거나 사업에 나서는 사람이 줄어든다. 금리가 다시 균형점으로 내려간다. 이것이 바로 보이지 않는 손이 작용하는 시스템이다. 금이 화폐 기능을 담당했던 시절, 돈에 이자가 붙는 방식이 이와 같았다.

이러한 금리를 중앙은행이 결정하는 것이 바로 통화 정책이다. 화폐도 금이 아닌 지폐로 바뀐다. 21세기 정부는 이 같은 통화 정책을 중심으로 경제를 운영해나갔다. 시장의 문제를 가장 효율적으로 개선할 수 있는 방식이라고 생각했기 때문이다. 그런데 통화 정책을 통한 경기 조절이 2022년 인플레이션의 주범으로 주목받고 있다.

그전에 먼저 짚어봐야 할 대목이 있다. 제로금리가 자산시장의 거품과 물가 상승을 촉발했다는 표피적 논리에서 한 발 더 깊이 들어갈 수 있어야 한다는 점이다. 그렇지 못하면 현재의 고금리가 저금리가 되었을 때 부동산과 주식 가격이 다시 오른다는 단순한 도식에 빠질 수 있다.

금리 상승이 끝났으니 다시 파티를 시작하자는 말에

덜컥 부동산을 구매했다 낭패를 볼 수도 있다.

금리가 내려가도 부동산 가격이 더 떨어질 수 있기 때문이다.

30년 장기 불황을 겪고 있는 일본이 그랬다. 현실에서는 더욱 다양한 변화가 존재한다.

일하지 않고 재테크만으로
먹고살 수 있었던 시대

정부가 이자율을 정하는 것은 어쩔 수 없는 측면이 있다. 화폐 자체를 정부가 독점적으로 생산하기 때문이다. 과거에는 금과 은 같은 귀금속이 화폐 기능을 했다. 따라서 장사하려는 사람은 금을 갖고 있는 사람에게 금화를 빌려야 했다. 금만 가지고 있다면 누구나 화폐 발행을 할 수 있었던 셈이다. 금광이 새롭게 개발되면 화폐 공급이 증가해 이자가 떨어지는 일이 벌어지기도 했다.

물론 우리나라는 금화나 은화의 유통이 많지 않았다. 반면 상평통보와 같이 정부가 발행한 화폐가 유통되기도 했다. 여러 이유가 있겠지만 농업을 중시한 문화적 특성 때문이다. 상업적 거래가 많지 않았기에 화폐의 기능이 강하지 않았다. 농경사회에서는 필요한 게 있으면 금이나 은 대신 쌀 몇 되를 주고 사오는 것이 합리적인 방식이었다.

현대사회는 정부의 신뢰를 바탕으로 발행한 화폐를 중심으로 운영된다. 따라서 정부는 시장의 균형점에 부합하는 수준에서 금리를 정할 필요가 있다. 그러면서 적절한 이자 수입으로 국가 운영에 필요한 돈을 조달한다.

아울러 브레이크(금리 인상)와 액셀(금리 인하)을 교대로 밟아 적절한 속도로 대한민국이라는 자동차가 더 잘 굴러가도록 한다. 이것이 순리를 따르는 최선의 방식이 아닐까 싶다.

실제 기능성이 입증되기도 했다. 2000년 닷컴버블이 터지면서 경기 침체에 빠질 위기에 처하자 당시 FRB 의장 앨런 그린스펀은 제로금리 정책을 펴서 경제를 살려냈다. 2008년에도 마찬가지였다. 통화량을 확대하는 정책에도 불구하고 물가가 안정적으로 유지됐다.

**문제는 순리를 따르기보다 좌지우지하고 싶은 욕망이
강하게 투영되기 시작했다는 점이다.
보이지 않는 손을 이기려 들면서 이길 수 없는 싸움에 나선다.**

강력한 통화 정책으로 침체의 고통 자체를 없앨 수 있다는 생각이 퍼지기 시작했다. 제로금리 상태에서도 물가가 오르지 않는 것을 목격한 경제학자들은 돈을 마구 뿌려도 물가 상승의 우려가 없다는 분석을 내놓았다. 이들의 독한 처방은 시간 속에 그것을 원점으로 돌릴 강력한 반작용 에너지를 쌓아갔다. 앞면이 더 많이 나오게 하는 트릭을 부릴수록 결국 뒷면이 나올 에너지가 보이지 않는 곳에 쌓인다는 사실을 간과했다.

2020년 코로나19로 경기가 급속히 얼어붙자 각국은 다시 한 번 제로금리 카드를 꺼내 들었으나 크게 효과가 없었다. 그러면서 이제는 화폐를 마구 찍어 뿌리기 시작했다. 미국은 2008년 금융위기 때 3조 달러나 풀린 돈을 1조 달러도 제대로 회수하지 않은 상태에서 코로나19 대응책이라며 더 많은 8조 달러 이상을 쏟아부었다.

시장은 환호했다. 돈이 없는 사람들도 빚을 내서 투자하기 시작했다. 주식과 부동산 시장이 과열되면서 자산 가격이 폭등했다. 그러자 사람들은 일하기보다 주식시장에서 얻은 수익으로 생활하기 시작했다. 코로나19로 가뜩이나 장사 안 되는 가게 문을 닫고 컴퓨터 앞에 앉아 주식과 가상화폐에 빠져드는 이들도 늘었다. 그래도 걱정은 없었다. 집값이 2배나 뛰었기 때문이다. 하루 12시간 뼈 빠지게 10년간 벌어도 얻지 못할 수익을 내 집이 만들어줬다.

원래 금리 인하의 목적은 은행에 돈을 넣어놓는 대신 벤처기업을 창업하거나 피자 가게를 내는 쪽으로 사람들의 경제활동을 유도하기 위해서다. 코로나19로 모든 경제활동이 위축된 상태에서 제로금리와 양적 완화는 부동산과 주식 시장이 돈과 사람을 빨아들이는 방식으로 변질되어 갔다. 정부의 의도와 다른 방향으로 나아간 것이다.

돈을 계속 무제한 공짜로 나눠줬다면 주가와 부동산 가격은 천정부지로 솟았을 것이다. 2018년 시작된 경기 하락은 2022년 코로나19가 거의 종식되면서 회복세로 돌아설 조짐을 보였다. 이런 상황에서 양적 완화를 유지할 경우 특히 미국의 물가는 20퍼센트 이상 상승할 가능성이 높고, 결국 1년에 100퍼센트 상승하는 하이퍼인플레이션이 발생한다.

이 같은 공포 앞에서 각국의 중앙은행은 항복을 선언했다. 침체를 각오하고 금리를 급격히 올렸다. 모든 걸 원점으로 돌리라고 하는 보이지 않는 손의 명령에 따른 것이다. 인플레이션은 러시아의 우크라이나 침공 때문이 아니다. 무상으로 돈을 공급한 정부의 정책 탓이다.

물가가 오르면 금리도 오른다

2021년 모두 인플레이션을 우려했다. 동시에 물가가 폭등하기 전에 부동산을 사놓아야 한다고 말했다. 많은 전문가들은 물가 상승기에 현금보다 자산을 보유한 사람이 유리하다고 말한다.

과거 금이 화폐로 통용되던 시절에는 사실에 가까웠다. 그 당시 인플레이션의 원인 중 하나는 대규모의 금광이 발견된 것이었다. 금화가 쏟아지면서 기존에 금화를 갖고 있던 사람들은 손해를 보게 되었다. 어제까지 1억 원이던 땅이 2억 원이 되었다. 물건을 파는 사람은 기분 좋은 일이다. 더 좋은 사람은 금광에서 노다지를 캐다가 2억 원을 주고 땅을 산 금광업자다.

본인 입장에서는 공짜로 땅을 얻었다. 손해 본 사람은 기존에 금을 갖고 있던 사람들이다. 이런 구조에서는 인플레이션이 '기존' 화폐 소유자에게 불리하다. 물론 금이 어느 순간 사라지는 일도 벌어지는데 그때는 금을 갖고 있는 사람이 유리하다. 소위 디플레이션이 발생한다.

여하튼 국가가 새롭게 금광을 발견한 사람처럼 돈을 찍어낸다면 인플레이션은 당연히 돈을 갖고 있는 사람에게 불리하다. 국가도 이 같은 유혹에서 자유롭지 못하다. 그러나 이성적인 정부는 합리적인 선을 지킨다. 현대 국가가 유지될 수 있는 이유는 한 손에는 무기, 한 손에는 화폐 제조기를 독점하고 있기 때문이다. 21세기 국가에게 돈은 국방력과 함께 강력한 무기다. 그런데 물가 상승이 이 같은 무기를 무력화할 수 있다.

돈이 휴지 조각이 될 수도 있다는 공포감을 사람들에게 심어줄 수 있기 때문이다. 국가는 이를 극도로 경계할 수밖에 없다. 바보가 아닌 한 금리와 화폐 유통량을 결정할 권한이 있는데도 인플레이션이 지속되도록 놔둘 리 없다.

**따라서 금리를 국가가 결정하는 21세기에 물가가 오르면
금리도 따라서 오른다.**

실제 미국이나 한국의 기준금리 역시 물가상승률과 비슷한 수준으로 움직인다. 그래야 물가를 잡을 수 있고, 아울러 현금을 갖고 있는 사람이 덜 손해 본다.

그런 점에서 인플레이션은 금리 인상과 자산 가격 하락의 신호가 될 수 있다. 인플레이션을 잡기 위해 정부가 금리를 상당히

높은 수준으로 올릴 수밖에 없고, 그러면 유동성이 넘쳐 가격이 폭등했던 부동산과 주식 가격이 떨어질 가능성이 높다.

특히 저금리로 인한 시장 왜곡을 해결하기 위해서는 인위적으로 균형점보다 더 높은 금리 수준을 유지해야 한다. 왼쪽으로 구부러진 수저를 펴기 위해서는 오른쪽으로 더 많이 구부렸다 놓아야 한다. 그래야 50 대 50이라는 순리에 근접한다. 그렇지 않으면 모든 게 심각하게 망가지는 수순을 밟게 된다.

따라서 오히려 부동산을 매각하고 현금으로

은행이자를 받는 것이 더 나을 수 있다.

물론 모든 국가의 모든 정부가 동일한 행동을 보이지 않는다. 1970년대 대한민국의 물가상승률은 1년에 30퍼센트에 육박했다. 석유 가격이 급등한 것도 원인 가운데 하나였지만 박정희라는 독재자가 존재했던 탓도 크다. 독재자는 정권 유지를 위해 돈을 마구 찍어내 인플레이션을 유발하는 경향이 있다. 아울러 기업의 불만을 우려해 물가를 잡기 위해 금리를 크게 올리지도 않는 반면 석유 가격 급등을 빌미로 물건 가격을 올리는 기업의 행태도 눈감아준다. 관료들은 화폐 발행의 유혹에 빠진 독재자를 저지할 수 없다. 장기적으로는 정권을 망가뜨리는 가장 직접적인 부메랑이 된다.

21세기에도 선거로 국민의 선택을 받아야 하는 정부가 과연 가계부채의 고통을 증가시킬 금리 인상을 선택할 용기가 있을까. 이 같은 공포로 인해 2021년 하반기 급하게 부동산을 산 사람들도 있었다. 정부가 금리를 인상하지 않아 물가가 폭등하면 1970년대처럼 현금 가치가 하락할 수 있다는 이유였다. 정부가 무능하다고 보았거나 오랜 시간 저금리가 유지되다가 고금리가 될 수 있다는 사실 자체를 상상하지 못했을 수도 있다.

그러나 국가도 살기 위해서는 어쩔 수 없는 선택을 해야 한다. 금리를 올릴 수밖에 없는 것이다. 특히 국가가 빚을 더 내서 국민들에게 나눠주라고 옥박지르는 정치인들을 향해 경제부총리는 본인의 직을 걸고 못 하겠다고 버텼다. 그들은 표에 흔들리는 정치인이 아닌 본인들이 국가의 주춧돌이라 믿고 행동했다. 그렇지 않으면 〈오징어 게임〉의 손 영감이 남긴 유행어처럼 그러다 모두 다 죽는 사태가 벌어질 수밖에 없다고 생각한다.

그런 점에서 재테크에 성공하려면 순리를 따라야 하고, 이를 위해서는 누가 순리를 따르고 있는지, 또는 따를 수밖에 없는지를 봐야 한다.

Remind Financial Tech

종이돈이 사라지면
돈의 가치는 어떻게 될까?

화폐의 1차 생산자는 중앙은행이다. 중앙은행은 돈을 찍어 대출이란 형태로 시중은행에 공급한다. 중앙은행은 돈을 그냥 공급하지 않는다. 이자를 받고 빌려준다. 이때 적용되는 것이 바로 기준금리다. 한국은행은 이를 통해 매년 수조 원 이상의 이자 수입을 올린다. 그래도 우리나라는 한국은행이 무자본 특수법인이라는 공공성이 강한 형태로 존재한다. 따라서 이자 수입은 전부 국고로 들어간다.

하지만 미국의 FRB는 시중은행이 주주로 참여한 사적 금융기관이다. 달러를 찍어 이자를 받고 장사하는 곳이다. 알고 보면 일개 은행이 세계 금융시장을 지배하고 있는 셈이다.

제로금리는 결과적으로 상품을 무상으로 나눠주는 것이나 마찬가지다. 예컨대 우리가 쌀을 무상으로 나눠줄 수 있을까. 없다. 왜냐하면 쌀을 생산하는 데 들어가는 생산비가 있기 때문이다. 정부가 생산비를 농부들에게 지불하고 구매해서 나눠주는 것만이 무상으로 가능한 방법이다.

그런데 돈은 다른 특성이 있다. 현대사회에서 돈은 종이에 숫자를 인쇄하는 것에 불과하다. 실제로 은행 간 대규모 거래에서는 인쇄된 종이조차 없다. 한국은행이 시중은행에 돈을 빌려줄 때 트럭에 5만 원권을 잔뜩 실어 보내지 않는다.

한국은행 통장에서 시중은행의 통장으로 인터넷 이체만 하면 된다. 한국은행이 화폐량을 늘리는 일도 간단하다.

컴퓨터 앞에 앉아 맨 뒷자리에 '0' 하나만 추가하면
한국은행의 화폐 발행액이 10배 늘어난다.

이후 돈의 거래도 대체로 온라인으로만 이뤄진다. 한국은행에서 인터넷으로 전달받은 돈을 시중은행은 더 적은 금액으로 쪼개 이자를 받고 부동산 구입을 위해 대출받는 사람의 통장으로 보낸다. 대출받은 사람은 이것을 다시 부동산을 파는 사람의 통장으로 계좌 이체를 한다. 역시 은행의 계좌다. 결국 한국은행에서 넘어온 돈은 시중은행의 대형 컴퓨터 안에 숫자로 들어올 뿐이다.

실질적으로 돈은 생산비가 거의 들지 않기에 무상으로 제공할 수 있는 기반이 존재한다. 따라서 정부는 돈을 마구 발행하고 싶은 욕망에 사로잡힌다. 그중 하나가 제로금리 정책이다. 문제를 일으키지 않는다면 이보다 더 좋은 방법이 없다. 무상으로 돈을 찍어내서 경제를 살릴 수 있다면 말이다.

실제 일본 정부는 국가 채무가 GDP 대비 300퍼센트다. 국민들이 열심히 3년간 번 돈을 단 한 푼도 쓰지 않고 갚아야 국가 부채를 해결할 수 있다. 실질적으로 불가능하다. 다만 그 빚에 이자가 없다. 공짜로 빌려 쓰는 셈이기에 아직까지 이자 부담이 없다.

각국이 기준금리를 올리는 상황에서도 일본 중앙은행은 금리를 올리지 못하는 이유 중 하나가 높은 국가 부채이다. 물가가 안정적으로 유지되는 한 금리를 올릴 가능성은 없어 보인다. 순리를 지속적으로 왜곡하고 있다. 결국 사달이 나게 되어 있다. 피할 수 없는 현실이다. 엔화의 신뢰도와 가치 그리고 일본 경제가 동시에 몰락할 가능성을 배제할 수 없다.

돈을 공짜로 마구 찍어내고 싶은 욕망을 절제하고 돈의 신뢰도를 지키는 것이 국가로서는 상당히 중요하다. 그럼에도 불구하고 모든 정부와 중앙은행은 언제나 화폐를 남발할 개연성을 갖고 있다. 남발하면 신뢰가 떨어진다는 것을 알지만 악마의 유혹에 시달린다. 특히 정치인이 심하다. 정부가 여기에 넘어가느냐 아니냐를 잘 봐야 한다. 현대사회의 돈은 금이나 은이 아닌 정부의 신뢰에 근거해서 만들어진 화폐이기 때문이다.

금리를 내려도 부동산과 주식이
오르지 않을 때

정부를 욕하고 정치인을 비난하고 대통령을 헐뜯으면서도 정부가 얼마나 무서운 존재인지 간과하는 경향이 있다. 국민이 대통령을 뽑을 수 있다는 데 취해 정부가 자신을 지키기 위해 때론 상당히 무자비한 행동을 한다는 사실을 간과한다. 시장 관계자들이 힘을 합치면 정부의 이 같은 행동을 막을 수 있다고 착각한다.

그러나 정부는 자기만의 생존 논리가 있다. 정부가 살아야 국민이 산다고 생각한다. 동학개미의 단결력이 아무리 뛰어나고 부녀회가 견고하게 조직되더라도 떨어지는 주가와 집값을 잡을 수 없듯이 누구도 정부 스스로 살고자 하는 노력을 막을 수 없다.

정부는 스스로 살기 위해 돈의 가치를 지켜야 한다. 그렇지 않으면 정부가 무너지고, 정부가 무너지면 국가가 무너지고 국민의 삶이 피폐해질 가능성이 높다. 따라서 아무리 시장 참여자들이 반대해도 굳건하게 금리를 올린다. 아울러 정부의 정책 하나 하나가 투자에 큰 영향을 미친다.

한편으로는 정부의 능력을 과신하는 경향이 있다. 경제가 침체되면 살릴 수 있고 내가 어려우면 도와줄 수 있다고 생각한다. 그러나 그렇지 않다. 정부와 정치인은 뭐든 해줄 것처럼 이야기하지만 그들은 슈퍼맨이 아니다.

정부 개입의 적절한 타이밍은 작용 반작용이라는 순리에 부합하느냐와

관계가 있다. 투자하는 입장에서는 정부 정책이

이 같은 순리에 부합하는지를 봐야 한다.

예컨대 정부가 경기 침체를 각오하고 높은 금리를 유지하면서 경기를 억누르는 상황이다. 그럼 어떤 판단을 해야 할까? 사실 시장의 흐름을 왜곡하고 있다. 코로나19로 인해 막혔던 경제에 숨통이 트이는 상황에서 이를 누르고 있다. 문제는 과도한 유동성으로 인한 왜곡을 해소한다는 측면이 있다는 점이다. 과거의 왜곡이 만든 시간 속 작용 반작용을 해소하는 기능을 한다. 그 사이에서 위험한 줄타기를 하고 있다.

여기서 사람들은 보다 빨리 금리를 내리고 돈을 풀라는 압력을 가한다. 높은 금리로 인해 경기 침체에 빠지고, 금융시장의 교란이 가속화하고 있다는 불만을 이야기한다. 거기에 순응해 금리를 내릴 수도 있고, 아니면 금리를 높이거나 유지할 수도 있다.

과도한 유동성이 만든 시장의 왜곡이 해소되지 않은 상태에서 금리 인하가 이뤄지면 부동산과 주식 가격이 다시 크게 오를 가능성이 있다. 시장 참여자는 반기는 일이지만 그것은 시장의 왜곡을 더 심하게 만드는 일이다. 당장 정부가 그 길을 택할 수는 없다. 그러다 물가가 더 크게 오르면 금리를 더 많이 올려야 한다.

그렇다면 언제 금리를 내릴까? 물가가 안정을 찾았을 때이다. 하지만 금리를 내려도 부동산과 주식 시장이 크게 움직이지 않을 가능성이 높다. 경기가 이미 침체에 빠져 있는 상황에서는 금리 인하라는 호재도 힘을 쓰기 어렵다. 부동산 규제를 완화해도 부동산 가격이 오르지 않는 것과 같은 맥락이다. 그때 비로소 금리가 내려갈 가능성이 높다.

결과적으로 금리가 내려가는 상황에서
부동산과 주식 가격이 오를 가능성은 높지 않다.

물론 높은 금리로 인한 경제적 부담은 줄어들 수 있다. 여전히 버텨야 하지만 그래도 덜 힘든 시간이 될 수 있다.

경기 침체와 불황을 몰고 오는 시장은 결코 인간에게 우호적이지 않다. 그것을 어느 정도 방어해주는 것이 국가의 기능이다. 문제는 국가 역시 완벽하지 못하고, 보이지 않는 손에서 벗어날 수 없다는 사실이다. 때로는 보이지 않는 손을 이길 수 있다고 착각해 시장의 왜곡을 심화시킨다. 그 착각은 아주 오랜 수정의 시간을 필요로 한다.

그 모든 사실을 큰 그림으로 이해하고 있을 때 우리는 경기의 호황과 불황을 오가는 거대한 흐름과 풍랑을 막아주기도 하고 몰아가기도 하는 보이는 손과 보이지 않는 손 사이에서 중심을 잡을 수 있다. 이러한 사실을 이해하는 것이 주식 종목이나 상권을 분석하는 일만큼 중요하다.

제로금리 시대가 다시 올 수 있을까?

중앙은행들이 제로금리 수준으로 이자율을 낮추면 부동산과 주식 시장이 다시 살아날 수 있다고 생각한다. 그렇다면 각국의 중앙은행은 인플레이션이 잡히고 경기 침체에 빠지면 제로금리를 택할 수 있을까?

현재로서는 가능성이 높지 않다. 금리를 과도하게 낮출 경우 실물경제를 자극하기보다는 주식과 부동산 시장만 자극할 뿐이기 때문이다. 이와 관련해서 중립금리라는 용어가 언론에 자주 등장한다.

중립금리는 경제가 인플레이션이나 디플레이션 압력이 없는 잠재성장률 수준을 회복할 수 있도록 하는 이론적 금리 수준을 말한다. 결과적으로 정부가 중립금리 수준에서 금리를 결정할 가능성이 높다. 이는 곧 과거처럼 금리를 통화 정책의 수단으로 사용하지 않겠다는 뜻이다. 시장을 좌지우지하기보다 보이지 않는 손에 보폭을 맞춘 보다 수동적인 금리 정책을 펴겠다는 뜻으로 읽힌다.

실질적으로 물가상승률 수준에서 금리가 움직일 가능성이 높다. 물가상승률이 2퍼센트로 낮아졌다고 했을 때 이것을 기준으로 기준금리를 정한 다음 경기부양이 필요하다면 조금 낮추고 경기 과열을 통제해야 할 필요가 있을 때는 높이는 정책을 펼 가능성이 높아 보인다.

그동안 중앙은행들은 상당히 공격적인 모습을 보였다. 시장에 보다 적극적으로 개입해왔다. 경기에 선행해서 행동에 나서는 경우가 많았다. 경기가 하락세에 접어들 조짐을 보이면 앞서 금리를 내렸다. 검투사 같은 모습을 보였는데 이 같은 태도에 변화가 올 가능성이 높다. 시장의 상황을 충분히 지켜보고 행동에 나선다는 의미다. 좀 더 보수적으로 변하는 셈이다.

이 같은 상황에서 코로나19 시기처럼 주식과 부동산이 동반 상승하는 유동성 장이 오기를 기대하기는 어렵다. 따라서 재테크에 대한 관점도 바뀌어야 한다. 과거처럼 큰 수익이 나는 재테크를 과연 다시 할 수 있을까 하는 의문이 든다.

한편으로는 더 치열하게 정보를 조사하고 시장을 분석해야 한다. 경제 성장이 둔화되고, 유동성 역시 제로금리 시대처럼 풍부하지 못하다면 수익이 나는 곳을 찾기가 그만큼 어렵다. 경쟁이 치열해지는 만큼 더 치열하게 노력할 필요가 있다.

달러가 불안할수록 금이 오른다

18세기 프랑스 루이 15세 집권 당시 미시시피 버블이 발생했다. 네덜란드의 튤립 버블 등과 함께 근대 3대 버블로 불린다.

이 사건을 주도한 인물은 존 로(John Law)라는 스코틀랜드 출신 은행가이자 경제학자였다. 당시 화폐는 금과 은을 기반으로 이뤄졌다. 물건을 사려면 금화나 은화를 지불해야 했다. 존 로는 루이 15세에게 금과 은 기반의 통화제도를 지폐 중심으로 전환할 필요가 있다고 주장했다. 지금은 당연히 국가가 화폐를 발행하는데, 당시에는 그렇지 않았다. 루이 15세는 귀가 솔깃했다. 금이 없어도 마음껏 화폐를 찍을 수 있다고 하니 말이다.

금을 중심으로 한 통화체제를 지폐 기반 통화체제로 전환하기 위해서는 시장의 신뢰가 필요했다. 지금이야 당연하지만 당시 사람들은 종이에 불과한 지폐를 신뢰하지 않았다. 그래서 존 로는 프랑스령이던 미국 중부 미시시피 주변 루이지애나에 엄청난 황금이 매장돼 있다는 소문을 퍼뜨리는 꾀를 냈다. 광산이 개발되면 발행하는 지폐를 금으로 바꿔줄 수 있다고 말해 시장의 신뢰를 얻었다. 이후 지폐 발행으로 당시 프랑스 정부가 안고 있던 막대한 국가 부채도 갚고, 이후 경제를 활성화하는 데 큰 도움이 됐다.

그러나 루이 15세와 존 로는 화폐를 마구잡이로 발행하고 싶은 유혹에서 벗어나지 못했다. 돈을 너무 많이 찍어내면서 물가가 급등하기 시작했다. 앞서 설명했듯이 화폐 보유자에게 불리한 인플레이션이 발생했다. 불안해진 화폐 보유자들은 이를 금화로 바꿔달라고 요구했다. 그러나 프랑스 정부는 바꿔줄 수 없었다. 미시시피에 금광이 없었기 때문이다. 지폐는 하루아침에 휴지 조각이 되고 말았다.

1945년 제2차세계대전이 끝난 뒤 미국은 달러를 가져오면 정해진 비율대로 금을 주겠다고 선언했다. 전쟁을 거치면서 미국 내에 유럽에서 화폐 기능을 하던 엄청난 양의 금화가 쌓였기 때문이다. 유럽 국가들은 금화를 미국에 지불하고 무기를 구입했다.

그러다 1970년대 베트남전쟁으로 국고가 고갈 상태에서 미국 정부는 더 이상 달러를 금으로 바꿔줄 수 없다고 선언해버렸다. 그 순간 국제금융가는 미시시피 버블을 떠올렸다. 세계 금융시장은 일대 혼란에 빠질 것으로 예상됐으나 그런 일은 없었다. 대신 금으로 바꿔주지는 못하더라도 달러를 기축통화로 계속 사용하기로 사실상 합의했다. 산유국의 모임인 OPEC이 석유대금으로 오직 달러만 받겠다고 결정한 것이 큰몫을 했다. 달러의 진짜 힘은 그때 생겨났다. 지폐 공장에서 달러를 찍어 필요한 제품을 전 세계에서 사올 수 있게 되었다.

그러나 예전 루이 15세의 화폐처럼 달러에 대한 불안은 시간이 지날수록 가중되고 있다. 그럼에도 불구하고 달러가 강세인 이유는 자국의 화폐를 금으로 바꿔줄 수 있는 나라가 더 이상 없기 때문이다. 루이 15세가 살던 때에는 영국의 파운드를 비롯해 금으로 바꿀 수 있는 화폐들이 있었다. 굳이 불안한 루이 15세의 지폐를 쓸 필요가 없었다. 그러나 지금은 그렇지 않다. 세계 경제의 규모가 커지면서 어떤 나라도 그만큼의 금을 보유하는 것은 불가능하다.

그럼에도 불구하고 금은 여전히 가치 저장의 수단 역할을 한다.
달러가 불안해질수록 금에 관심을 갖게 된다.

한 가지 염두에 둬야 할 사실이 있다. 금은 대한민국에서 화폐가 아닌 귀금속이다. 따라서 구입할 때 부가가치세 10퍼센트를 내야 한다. 금값이 최소 10퍼센트 이상 올라야 본전이다. 이외에도 금은방과 같은 구입처에 약 3~5퍼센트의 수수료도 지불해야 한다.

화폐를 신뢰하지 못하는 불안감이 있다면 금을 하나의 분산투자처로 활용할 수는 있다. 아울러 선물거래 시장에서도 금을 구입할 수 있다. KODEX 골드선물(H)이 가장 활발하게 거래되는 곳이다. 기초지수는 미국 뉴욕상품거래소 'S&P 골드지수(GSCI Gold Total Return)'의 변동률을 추종하도록 운용되고 있다. 골드바에 비해 소액투자도 가능하다는 장점이 있다.

킹달러, 대안이 없다

그동안 국제금융계에서는 달러화 붕괴에 대한 우려가 여러 차례 있었다. 미국이 달러를 금으로 교환해주는 것을 포기했을 당시에도 달러의 시대가 끝났다는 이야기가 나왔다. 1980년대 일본이 세계 경제에서 무섭게 치고 나올 때도 그랬고, 2008년 금융위기 당시에도 달러 붕괴에 대한 이야기로 떠들썩했다.

제로금리 정책을 단행했을 때도 마찬가지다. 제로금리 정책은 사실상 돈을 공짜로 나눠주는 셈이고, 공짜로 나눠주는 상품의 가치는 떨어질 수밖에 없다. 그런데 FRB가 금리를 올리자 달러화 붕괴에 대한 우려는 사라지고 반대로 킹달러 이야기까지 나오는 상황에 도달했다. 사람들은 달러가 영원히 강세를 보일 것 같은 공포에 휩싸였다. 강달러라는 추세에 베팅하고 싶은 유혹도 생긴다.

아울러 최근에는 시중은행에서 외환 계좌를 개설하기 쉬워졌다. 마음만 먹으면 언제든 스마트폰으로 달러를 구입할 수 있다. 대신 수수료를 잘 살펴봐야 한다. 대개 살 때와 팔 때 각각 1.5퍼센트 내외의 수수료를 지불해야 한다. 매매에 3퍼센트의 수수료가 들어가므로 최소 3퍼센트의 환차익을 얻어야 본전이다. 물론 고객의 등급에 따라 수수료를 깎아주기도 한다. 최고 등급의 고객에게는 90퍼센트까지 할인해주는 경우도 있다. 즉, 0.3퍼센트의 수수료로 달러를 사고팔 수 있다.

이미 충분히 강세인 상황에서 굳이 달러에 투자할 필요 없다고 생각하는 사람들도 있다. 순리대로라면 결과적으로 시간 속에는 달러 가치가 떨어질 수밖에 없는 에너지가 쌓이고 있다. 지속적으로 강해질 수는 없다.

달러화 강세는 꺾이게 되어 있다.
그렇다고 크게 떨어질 가능성도 당분간은 없어 보인다.
대안이 없기 때문이다.

달러를 금으로 바꿔주겠다고 자신 있게 말할 수 있는 국가가 없다. 앞으로도 없을 가능성이 거의 100퍼센트에 가깝다. 이 같은 상황에서 달러가 무너질 경우 세계 경제가 붕괴될 가능성이 높다. 돈을 찍어 호사를 누리는 달러가 얄밉지만 동시에 누구도 달러가 무너지는 것을 원하지 않는다. 달러가 강세일 수밖에 없는 이유가 여기에 있다.

아울러 달러를 대체할 수 있는 통화가 등장할 수 있느냐는 상당히 복잡한 문제인 동시에 먼 이야기다. 울며 겨자 먹기 식으로 미국 중앙은행이 발행하는 화폐를 중심으로 경제활동을 할 수밖에 없다. 결국 달러는 언젠가는 기축통화의 지위에서 내려오겠지만 그게 언제일지는 누구도 알 수 없다.

비트코인의 폭등, 다시 올까?

1972년 미국이 달러를 금으로 바꿔주지 않겠다고 선언한 이후 금이 차지하고 있던 공백이 남아 있었다. 비트코인은 그 자리를 치고 들어가기 위해 기획된 상품이었다. 그런 점에서 비트코인은 비트골드라고 이름 짓는 게 낫지 않았을까 싶다.

금이 화폐로 이용된 까닭은 휴대가 용이하고 희소하면서도 변질되지 않기 때문이다. 문제는 세계 경제가 급속히 팽창하는 데 맞춰 지속적으로 채굴할 수 없다는 점이다. 미국의 선언이 아니더라도 금을 중심으로 한 시스템은 사실상 유지할 수 없다.

이후 화폐 시스템의 근간이 바뀌면서 언제나 휴지 조각이 될 가능성이 있는 지폐를 대체할 무언가에 대한 갈망이 잠재되어 있었다. 비트코인의 개발자 사토시 나카모토는 그 지점을 파고 들었다. 희소하면서도 변하지 않는 온라인 금을 시스템에 묻어 둔 것이다. 시간이 지날수록 채굴하기 어렵게 만들었다.

과거 초창기에는 채굴하기 쉬웠다고 한다. 집에서 개인용 컴퓨터로도 가능했다. 그러나 지금은 거대한 슈퍼컴퓨터 시스템을 구축해야 채굴할 수 있다. 채굴하는 속도도 점차 느려짐으로써 비트코인의 가치가 보장되고 있다. 가격이 비싸졌다고 마구 찍어낼 수 없다.

결과적으로 현대 국가가 보유한 화폐 독점에 대한 신뢰의 문제, 그에 따른 하이퍼인플레이션 가능성에 대한 공포 등이 가상화폐 탄생의 동력이다.

그러나 원래 의도와 달리 변질됐다.

**지폐 중심의 화폐 시스템을 사이버 금인 비트코인으로
대체하려는 시도는 사실상 실패했다.**

여러 가지 문제가 있겠지만 희소하다는 것이 가장 큰 문제다. 다이아몬드 역시 금과 마찬가지로 변질되지 않는 귀금속이지만 화폐가 될 수 없었던 이유는 너무 희소했던 탓이다. 비트코인도 마찬가지다.

아울러 양의 조절도 불가능하다. 세상에 묻혀 있는 금의 양을 늘릴 수 없듯이 비트코인의 양도 늘릴 수 없다. 특히 유통되는 양은 더 적다. 최초로 개발한 나카모토 등 상위 1퍼센트의 사람들이 90퍼센트를 보유하고 있는데, 모두 초기에 채굴했던

사람들이다. 따라서 거래 수단으로서는 한계가 존재한다.

오직 마약 등 검은 거래의 지불수단이 될 뿐이다. 백화점 상품권과 같이 오로지 그들만의 리그에서 교환 수단으로 활용되고 있다.

반면 이 같은 희소성이 가치 저장의 수단으로는 유용하다. 그러면서 오늘날의 금처럼 재테크 수단으로 변화했다. 2017년 1비트코인이 2천만 원을 넘어서면서 암호화폐 투자 열풍이 불었다. 그 열기를 반영하듯 미국은 시카고상품거래소와 시카고옵션거래소에서 비트코인의 선물거래를 허용했다.

그런데 2017년 12월 비트코인을 비롯한 암호화폐 가격이 일제히 급락했다. 이후 400만 원으로 떨어졌던 가격이 다시 6천만 원 가까이 오르면서 코인에 대한 열기는 가히 태풍이라고 할 정도로 뜨거웠다. 그러다 현재 반 토막 이상 빠지면서 다시 소강 상태에 들어갔다.

원래 의도와 달리 가상화폐는 재테크 수단이 되었고,

때론 투기 열풍에 휩싸이기도 했다.

사실 아직까지 코인은 안정적인 재테크 수단이라고 할 수 없다.

특히 각종 코인이 우후죽순 생기면서 일반인들이 이해하거나 투자하기 쉽지 않은 상황이다. 그럼에도 불구하고 코인에 대한 이해는 필요하다. 그 안에는 화폐의 과거가 담겨 있고, 미래가 예견되어 있기 때문이다.

비트코인의 가격 급등은 이후 아류 코인의 개발을 촉진했다. 예전 골드러시를 연상하게 만든다. 코인러시라고 해야 할 것이다. 하지만 최초 상품인 비트코인만큼 품질을 보장하지 못한다. 대부분 투기 상품으로 전락했다. 상품이 아닌 코인 시장에서 거래를 목적으로 만들어진 느낌이다.

결과적으로 누가 비트코인만큼 신뢰를 확보하느냐가 관건이다. 테슬라의 CEO 일론 머스크가 도지코인이라는 가상화폐를 만든 것은 본인의 명성을 근거로 가상화폐의 신뢰를 얻을 수 있다는 판단이 깔려 있지 않았을까 추측해본다.

스테이블 코인은 달러를
업고 갈 수 있을까?

'스테이블(stable)'은 '안정적'이란 뜻이다. 사실 가상화폐가 교환되기 위해서는 가치가 안정적이어야 한다. 예컨대 달러당 1400원 하던 원화 가치가 달러당 1만 4천 원으로 10배 이상 폭등하면 원화는 국제 거래시장에서 사용할 수 없다. 지난달 100만 원이던 아이폰이 이번 달에 1천만 원으로 10배 상승하면 시장이 극도로 혼란에 빠진다. 비트코인이 시장에서 거래 수단으로 사용되면 이런 일이 벌어진다. 심한 변동성으로 인해 시장에서 화폐로 사용되기 어렵다.

이런 점에 주목해서 등장한 것이 바로 스테이블 코인이다. 과거 미국이 달러를 가져오면 일정 비율의 금으로 바꿔주었듯이, 스테이블 코인은 달러와 1 대 1 교환이 가능하다. 달러의 힘을 업고 가상화폐 세계에서 교환 수단으로 자리 잡겠다는 시도다. 금으로 바꿔줌으로써 달러가 기축통화가 되었듯이, 달러를 줌으로써 기축 가상화폐가 되고자 하는 것이다.

이것이 가능하려면 상당량의 달러를 확보하고 있어야 한다. 언제든 달러로 바꿔줄 수 있어야 하기 때문이다. 다만 발행한 가상화폐의 양만큼 달러를 보유할 필요는 없다. 예컨대 100달러어치의 가상화폐를 발행한다고 했을 때 100달러어치 달러를 보유할 필요는 없다. 10달러어치만 갖고 있어도 된다. 100달러어치의 가상화폐를 갖고 있는 사람이 한꺼번에 전부 달러로 교환해달라고 요구하는 경우는 거의 없기 때문이다. 그렇게 되면 심각한 문제가 발생한다.

과거 달러도 마찬가지였다. 초반에는 100달러어치의 금으로 100달러를 발행했는데, 시간이 지날수록 비율이 점차 떨어졌다. 예컨대 100달러어치의 금으로 1천 달러를 발행하는 식이다. 결국 불안감을 느낀 유럽 국가들이 달러를 금으로 교환하기 위해 달려들자, 미국은 아예 더 이상 금으로 교환해줄 수 없다고 선언하는 강수를 뒀다. 스테이블 코인 역시 그와 같은 가능성을 안고 있다.

현재 시장에서는 테더(USDT), USDC 등이 메인 주자로 활약하고 있다.

지금은 상호 경쟁하는 탓에 신뢰 유지를 위해
달러를 많이 보유하고 있겠지만 독점구조가 만들어지면,
달러당 발행되는 스테이블 코인의 발행액이 증가할 가능성이 높다.

이윤을 추구하는 사적 기업이 이 같은 악마의 유혹을 이겨내기는 쉽지 않다.

아울러 달러 가치가 폭락하면 그에 연동되어 있는 스테이블 코인의 가치도 떨어진다. 달러가 기축통화로 존재하는 한 코인계의 교환 가상화폐로 활약할 수 있다.

최근에는 알고리즘 방식의 스테이블 코인 발행에 나서는 이들도 있다. 달러에 가상화폐를 고정하는 대신 알고리즘을 통해 달러와 1 대 1 안정성을 확보하려고 한다. 한때 시가총액 50조 원으로 코인 업계 10위권에 올랐던 루나와 그 쌍둥이 코인 테라가 대표적이다.

루나와 테라로 인해 특히 대한민국에서 코인 열풍이 강하게 불었다. 100만 원을 투자해 1억 원을 번 경우도 있었다고 한다. 200원이던 루나 코인이 14만 원으로 폭등하는 상황에서 충분히 가능한 일이었다.

폰지 사기 의혹을 받는 테라-루나 코인의 알고리즘은 수요와 공급의 시장 메커니즘과 차익거래를 근거로 테라 코인을 1달러에 고정하는 구조를 만들려고 했다. 테라의 가격이 떨어지면 테라를 루나로 바꿔줌으로써 공급을 줄여 테라의 가격을 유지하려고 했다. 반대로 가격이 오르면 루나를 테라로 바꿔줌으로써 테라의 공급을 늘려 가격을 떨어뜨리려고 했다.

시장 메커니즘을 모방하기는 했으나 작용 반작용이라는 시장의 보이지 않는 손을 바탕으로 이뤄지지는 않았다. 본인들의 환전소에서 테라와 루나를 같은 크기로 교환함으로써 균형을 유지하려고 했다. 인간의 보이는 손으로 보이지 않는 손을 대체하려고 했으나 불가능했다.

예컨대 포켓몬 빵의 수요가 늘면 가격이 올라가야 한다. 그런데 가격이 고정되어 있으면 어떤 일이 벌어질까. 암거래 시장이 발생한다. 당근마켓에서 더 비싸게 팔린다. 이렇듯 과도한 패깅(고정)은 늘 시장 변동성과의 괴리로 인한 문제를 일으킬 수밖에 없다. 잡을 수 없는 걸 잡으려는 시도 탓이다.

특히 변동성이 큰 상품을 하나의 고정된 값에 묶는 순간
시장 불균형이 큰 압력으로 작용할 개연성이 크다.

압력밥솥에서 김을 빼야 하는데 그런 장치가 없는 셈이다. 사실 과거 미국은 달러를 기축통화로 만들면서 달러를 가져오면 금으로 바꿔주는 동시에 다른 나라와 환율을 고정시켰다. 원화와 달러 간 환율을 1달러 대 1천 원으로 못 박아버린 것이다. 이걸 고정환율제도, 즉 특정 숫자에 환율을 못 박아두는 패깅 시스템이라고 한다.

그런데 어느 순간 고정값에서 너무 벗어난 불균형이 발생했다. 특히 달러 발행이 늘어나면서 달러 가치가 떨어져야 하는데 고정값에 묶여 있음으로 인해 시장 가격과 괴리가 생겼다. 가격이 움직여 원래 균형점을 찾아갈 수 있어야 하는데, 그것을 억지로 막으면 압력만 가중된다. 너무 강한 압력을 버티지 못하고 결국 패깅 시스템은 무너진다.

수요와 공급은 결과적 균형이다. 올라갈 때가 있고 내려갈 때가 있다. 그 평균값이 균형에 맞춰질 뿐이다. 동전을 던지면 언제나 앞면 아니면 뒷면이 나온다. 앞면과 뒷면이 나올 확률이 각각 50퍼센트라는 것이다.

아울러 변동성이 큰 시장에서는 앞면만 10번 이상 나오는 일이 쉽게 발생한다. 그러면서 투기 자금이 더 쏠리게 된다. 그때 억지로 뒷면을 나오게 하려면 무리해야 한다. 그러다 보면 모든 것이 뒤엉키게 마련이다.

Regain Financial Tech

제 3 장

0.1퍼센트까지
은행이 숨겨둔 금리를 되찾아라

현금 보유는 언제나 옳다?

주가가 폭등하고, 펀드 수익률이 치솟고, 부동산 가격이 오를 때 현금은 애물단지 취급을 받는다. 아무것도 하지 않은 채 은행에 현금을 고이 모셔놓고 있으면 바보 취급받기도 한다. 현금을 갖고 있는 사람을 게으르다고 한다.

그러나 재테크는 결국 현금에서 시작해 현금으로 끝난다. 아무리 부동산과 주식의 가격이 높아도 6개월 뒤 급락할 수 있다. 결국 투자한 돈은 현금화해야 결실을 맺는다.

10년 전 통장에 현금만 30억 원을 갖고 있던 60대 노인을 만난 적이 있다. 그때 저축보다 수익이 높은 곳에 투자해야 한다는 생각을 했다. 50억 원 정도 대출받고, 나머지는 보증금 등으로 충당해서 100억 원대 빌딩을 구입할 수 있겠다고 말이다.

그러나 그분은 현금만큼 안전한 게 없다고 답했다. 주식투자로 돈을 번 사람도 있겠지만 손해를 본 사람도 많다면서 말이다.

반면 현금은 늘지도 줄지도 않고 늘 그대로이면서 안전하다는 것이다.

아울러 그는 부동산도 무척 귀찮다고 생각했다. 세입자, 대출, 세금 등 신경 써야 할 일이 한두 가지가 아닌데, 어차피 지금 가진 돈을 전부 다 쓰지도 못하고 죽을 텐데 괜한 고생할 필요 없다는 것이다. 그래서 은행에 고이 모셔놓고 있다고 했다.

당시에는 전혀 이해되지 않았다. 그러나 나이를 먹어가면서 조금은 이해할 수 있을 듯싶다. 다 귀찮은 것이다. 그냥 편하게 살고 싶은 마음이다. 그 정도 현금이면 이자만으로도 충분히 먹고살 수 있지 않을까 싶다. 강남을 지나다 부동산중개사무소 유리문에 적힌 30억 원이 넘는 84제곱미터 아파트 매물을 보면 당시 그분이 생각나기도 한다. 재테크의 목적이 노후의 편안한 삶이라면 그분은 충분히 누렸다고 할 수 있다.

보통 사람 입장에서 30억 원의 현금은 꿈같은 이야기다. 물론 대기업 사장님이나 스타 연예인, 운동선수들은 1년에 수십억 원 넘게 벌어들인다. 그동안 우리는 이렇듯 현금이 생기면 어딘가에 투자해야 한다고 생각했다. 그게 30억 원이든 1억 원이든 크게 다르지 않았다. 그래야 내 현금을 낭비하지 않는다고 생각했다.

그러나 꼭 그렇지만은 않다. 현금을 잘 가지고 있는 것도 하나의 훌륭한 재테크다. 가장 안전한 가치 저장의 수단이 현금이다.

부동산이나 주식에 투자하지 않아서 크게 불어나지도 않지만 원금은 그대로다.

현금을 갖고 있으면 안 되는 이유로 인플레이션을 방어할 수 없다는 점을 꼽는다. 그러나 앞서 보았듯이 그렇지 않다. 중앙은행은 기준금리를 결정하는 과정에서 인플레이션만큼의 금리를 보장해준다.

특히 앞으로는 중립금리 수준에서 기준금리가 유지될 가능성이 높다.
이 같은 상황에서 예금금리도 인플레이션을 방어할 수 있는 수준은 된다.

문제는 화폐에 대한 신뢰성이다. 우리나라도 화폐가 휴지 조각이 된 적이 있다. 1962년 화폐개혁 때이다. 이전 통화였던 '환'을 '원'으로 바꾸면서 10 대 1로 교환해줬다. 10환을 1원으로 바꿔주었는데, 문제는 1인당 바꿀 수 있는 한도가 정해져 있었다. 예컨대 1인당 100만 원밖에 바꿔주지 않았다. 나머지는 그냥 휴지 조각이 됐다. 당시 은행이 없는 시골에 살던 분들은 장롱 항아리에 넣어둔 돈이 전부 휴지 조각이 됐다. 이런 가능성이 있다면 당연히 현금은 위험성이 높다. 그 판단은 각자의 몫이다. 물론 대한민국에서 이 같은 일이 벌어질 가능성은 그리 높지 않다. 그러나 전혀 없는 것도 아니다.

100달러를 벌기보다
1달러 현금을 지켜라

1988년 5천만 원에 목동 아파트를 분양받아서 지금까지 살고 있는 사람은 있어도 같은 해 5천만 원을 은행에 예금하고 매년 꼬박꼬박 재예치해서 돈을 불린 사람은 거의 없을 것이다.

내가 살아야 할 아파트는 사실 팔 수가 없기에 가격이 스무 배가 올라도 부동산중개사무소 유리문에 붙어 있는 종이의 숫자로만 존재한다. 그러나 현금은 그렇지 않다. 언제든 빳빳한 5만 원권 지폐로 뽑을 수 있다.

이렇듯 현금은 쉽게 찾아 쓸 수 있다는 점이 문제될 수도 있다. 재테크의 대상을 평가할 때, 환금성, 안정성, 수익성 3가지를 따진다. 안정성이 높으면 수익성이 낮고 수익성이 높으면 안정성이 낮다. 소위 하이 리스크 하이 리턴(high risk, high return)이다. 그런 점에서 앞서 보았듯이 현금은 수익은 낮지만 안정적이다. 즉, 리스크도 적다.

아울러 환금성도 좋다. 환금성은 말 그대로 현금으로 쉽게 바꿀 수 있는 정도다. 예컨대 시골에 있는 땅은 구매자를 찾기가 쉽지 않다. 이런 경우 환금성이 떨어진다고 한다. 따라서 가능하면 환금성이 좋은 곳에 투자해야 한다.

그러나 현금은 환금성이 너무 좋아서 문제다. 언제든 은행에서 찾아 쓸 수 있다. 부동산을 사거나 주식투자를 할 수도 있을 뿐만 아니라 자동차도 사고 해외여행도 갈 수 있다.

문제는 현금이 가치 저장의 수단이 되기 위해서는

쓰지 않아야 한다는 점이다.

《마시멜로 이야기》는 아이들을 대상으로 한 실험에서 출발한다. 실험자가 책상 위에 마시멜로를 놓고 앞에 앉은 아이에게 "내가 다시 돌아올 때까지 먹지 않으면 앞에 놓인 양의 2배를 주겠다"고 약속하고 자리를 비운다. 다시 돌아왔을 때 어떤 아이는 그걸 참지 못하고 마시멜로를 먹었고 어떤 아이는 먹지 않고 기다렸다. 그들이 성인이 됐을 때의 모습을 추적 조사한 결과 참고 견딘 아이들이 더 부자가 되어 있었다.

작용 반작용의 세계에서는 끊임없이 우리의 인내를 실험한다. 특히 공돈이 생기는 순간 시간 속에는 돈의 액수만큼 그 돈을 없애려는 반작용 에너지가 만들어진다. 그 에너지는 돈을 쓰라고 충동질한다. 그걸 참고 견디면서 반작용 에너지가 소진되도록 해야 한다. 그래야 내 수중에 들어온 공돈이 나의 자산이 될 수 있다. 그게 힘들다면 시골의 땅을 사서 묵혀두는 것도 하나의 방법이다.

투자의 귀재 워런 버핏이 골프 라운딩을 할 때의 일이다. 함께 골프를 치는 상대가 한 번의 타격으로 100미터 조금 넘는 거리에 위치한 지름 10센티미터 정도 되는 홀에 골프공을 집어넣는 홀인원을 하면 1만 달러를 주고, 실패하면 2달러를 달라는 내기를 걸어왔다. 사실 홀인원은 매주 경기하는 프로 선수들도 1년에 한 번 경험할까 말까 한 일이다. 일반 골퍼들은 평생 한 번 성공하기도 힘들다. 따라서 버핏은 그의 제안을 냉정하게 거절했다. 홀인원 가능성이 전혀 없기 때문이다. 얻을 수 있는 기대수익이 크고 잃을 수 있는 돈이 적다고 해서 무작정 나서지 않는 그의 태도를 엿볼 수 있는 일화다.

현금 1달러의 가치를 잊어버리면 자칫 아주 위험한 투자에 나섰다 가진 돈을 전부 날릴 수 있다. 현금이 얼마나 소중한지, 내 수중의 현금을 안전하게 보호하는 것이 얼마나 중요한지 늘 인지해야 한다.

1퍼센트라도 높은 금리에 분산투자하라

현금을 은행에 보관할 수 있는 대표적인 방법이 정기예금이다. 통상 1년 단위로 가입하는 게 일반적이다. 그런데 은행마다 예금금리가 다르다. 더 높은 금리를 찾기 위해서는 이 은행 저 은행 돌아다녀야 한다. 번화가에 모여 있는 여러 은행들을 찾아다니는 것도 하나의 방법이다.

최근에는 굳이 은행을 찾지 않아도 모든 은행의 금리를 확인하고 가입할 수 있는 방법이 있다. 은행협회가 각 은행의 금리를 한곳에 모아 인터넷으로 매일 공개하는데, 이를 확인하고 각 은행의 스마트폰 앱으로 가입하면 된다. 물론 금리만 인터넷으로 확인하고 지점을 방문해서 가입해도 된다.

각 은행의 금리는 포털사이트를 통해 보다 편리하게 확인할 수 있다. 네이버는 시중은행과 저축은행 그리고 신협의 금리를 높은 순으로 일목요연하게 보여준다. 네이버 검색창에 '시중은행 예금금리'를 입력하면 모든 정보를 한눈에 확인할 수 있다.

통상 예금금리는 저축은행이 가장 높고, 지방은행, 시중은행 순이다. 그러나 늘 그렇지만은 않다. 수시로 바뀐다. 시중은행의 금리가 저축은행보다 높은 경우도 있다.

은행 예금의 경우 예금자보호법에 따라 5천만 원까지 원금과 이자를 보장받을 수 있다.

따라서 부실 위험성이 조금이라도 있다는 판단이 들면
금융기관별로 5천만 원 이하로 분할 예금할 필요가 있다.

저축은행은 금리가 높은 편이지만 부실 위험이 높은 대출도 많다. 시중은행보다 부실 가능성이 높은 것이다. 특별한 경우가 아니라면 반드시 5천만 원 이하, 즉 금리를 고려해 4700만 원부터 4900만 원 사이에서 예금하는 것이 좋다. 예컨대 6퍼센트 이자를 주는 저축은행이 있다고 하자. 5천만 원을 예금할 경우 만기 시 5300만 원이 된다. 반면 4700만 원을 예금하면 만기 시 4988만 원이 된다. 4700만 원을 예금하면 문제가 생기더라도 원금과 이자를 전부 돌려받을 수 있다.

저축은행 분산 예치의 가장 큰 어려움은 지점이 한곳에 모여 있지 않다는 점이다. 강남 테헤란로나 여의도를 제외하고 2개 이상 모여 있는 곳도 찾기 어렵다. 따라서 과거에는 물리적 거리 때문에 분산 예치가 쉽지 않았다.

그러나 지금은 스마트폰 앱으로 전국에 흩어져 있는 저축은행에 예금 가입을 할 수 있다. 저축은행연합회가 만든 앱을 설치하고 들어가면 지역별로 가장 높은 금리를 제공하는 은행 순으로 확인할 수 있다. 서울에 있는 집에 앉아 제주도에 위치한 저축은행에 예금을 맡기는 일도 가능하다. 향후 온라인 중개업법이 통과되면 네이버와 같은 포털 업체를 통해서도 저축은행뿐만 아니라 시중은행과 신협에 예금을 가입할 수 있다.

아울러 시중은행의 자산관리계좌통장(ISA)을 통해서도 저축은행의 정기예금을 가입할 수 있다. 다만 은행별로 가입 가능한 저축은행의 수가 제한되어 있을 뿐만 아니라 1년에 2천만 원씩 5년간 1억 원까지만 가능하다. 적은 금액을 예치할 경우 ISA를 활용하는 것도 하나의 방법이다.

아울러 저축은행이나 시중은행뿐만 아니라 가까운 축협, 농협, 신협, 새마을금고 등에도 예금 상품이 있다. 마찬가지로 5천만 원까지는 예금자보호가 된다. 축협, 농협 등은 협동조합이다. 회원들이 낸 예치금을 모아 돈이 필요한 사람에게 대출해주는 성격의 금융기관이다. 정부가 이 같은 조합의 활성화를 위해 3천만 원까지 금융소득세를 면제해준다. 따라서 3천만 원까지는 거의 세금을 떼지 않고 이자를 받을 수 있다.

모든 은행이 안전한 것은 아니다

보유한 예금 액수가 크지 않은 경우 높은 금리를 주는 곳에 분산 예치할 수 있다. 예컨대 2억 원 정도의 자금이 있다면 높은 금리를 주는 금융기관 4곳에 분산 예치함으로써 부실 부담을 줄이는 것이다.

그러나 금액이 큰 경우 5천만 원씩 나눠서 분산 예치하는 일이 번거로울 수 있다. 따라서 큰 금액을 한두 곳에 맡겨야 하는데, 이럴 때는 은행의 신뢰도를 잘 살펴봐야 한다. 신뢰도가 높지 않은 기관은 피하는 게 상책이다.

과거에는 경기 침체 국면에서 시중은행이 부실해지는 경우가 많았다. 서민들의 예금을 모아 대기업에 대출해주는 형태가 20세기까지만 해도 대한민국 금융시장의 기본 구조였다. 따라서 대기업 한두 곳이 부도나면 소위 주거래은행의 부실채권 비율이 어마어마하게 올라가면서 동반 부실에 빠지는 경우가 많았다. 한일은행, 상업은행, 조흥은행 등이 그렇게 해서 모두 사라졌다.

현재 시중은행의 대출은 가계대출이 큰 비중을 차지하고 있다. 소액 다수로 위험이 분산되어 있는 한편, 부동산 담보가 많아 부실 가능성은 높지 않다.

금리가 높아지면서 이익도 증가 추세에 있다. 따라서 큰돈을 맡길 경우 시중은행 가운데 높은 금리를 주는 곳을 택할 필요가 있다.

은행의 부실은 소문이 사실보다 무서울 때가 있다. 각 은행은 고객이 맡긴 돈을 전부 갖고 있지 않다. 고객이 100억 원을 맡겼으면 그 가운데 10억 원 정도만 갖고 있고 나머지 90억 원은 대출해준다. 그런데 부실하다는 소문이 나서 100억 원을 맡겼던 고객 전원이 예금을 찾으러 오면 어떤 은행도 그 돈을 전부 내줄 수 없다. 부실해서가 아닌 대출로 전부 나갔기 때문이다. 따라서 예금자들이 일시에 몰려들면 은행은 돈을 지불하지 못해 부도나는 사태가 벌어진다. 이른바 뱅크런이다.

100여 개의 객석을 보유한 영화관도 문은 한두 명 정도가 드나들 수 있는 넓이다. 좁은 문이 평소에는 큰 문제가 안 된다. 그런데 영화관에 불이 나서 100여 명의 관객이 일시에 좁은 문으로 몰리면 불이 난 것보다 몇십 배 더 심각한 사태가 발생한다.

뱅크런도 이와 비슷하다.

　2011년 2월 저축은행 7곳(부산, 부산2, 중앙부산, 보해, 대전, 전주, 도민 저축은행)이 한꺼번에 영업정지가 된 적이 있다. 해당 은행은 영업정지에 앞서 뱅크런이 발생했고, 제2금융권에 대한 불안감이 커진 고객들이 돈을 시중은행으로 옮기면서 신용도 높은 저축은행도 뱅크런 조짐을 보여 곤욕을 치렀다.

　5천만 원 이하로 예금해놓았다면 소문을 듣고 부랴부랴 은행으로 달려가 내 돈 달라고 아우성칠 필요 없다. 예금보험공사에서 5천만 원 이하의 금액에 대해서는 지급해주기 때문이다. 실제 이 같은 예금자보호제도는 고객을 보호하는 면도 있지만 금융기관이 뱅크런으로 부도나는 사태를 방지할 수 있다. 이후 예금보험공사는 저축은행으로 상환되는 대출금으로 먼저 지급한 돈을 회수한다.

적금은 곧 종잣돈이다

정기적금 금리는 대체로 예금금리보다 높다. 예컨대 예금금리가 5퍼센트라면 10퍼센트 이상 주는 적금도 있다. 대신 한 달에 적립할 수 있는 금액이 제한적이다. 적금은 돈 많은 자산가가 아닌 처음 사회생활을 시작하는 젊은 층이 주요 고객이기 때문이지 않을까 싶다. 미래 고객 확보 차원에서 조금 더 높은 금리를 제공한다.

그런데 적금 만기에 돈을 받아보면 사실 높은 금리에 비해 손에 쥐는 금액이 크지 않아 적잖게 실망한다. 예컨대 30만 원씩 1년간 10퍼센트 이자로 적금을 붓는다고 해보자. 원금이 360만 원이니 언뜻 이자가 10퍼센트라고 하면 36만 원일 것 같다. 그러나 36만 원의 절반도 안 되는 14만 원 정도 붙는다. 4퍼센트가 될까 말까 하다.

원금을 나눠서 내기 때문이다. 첫 달 30만 원에 대해서는 물론

3만 원의 이자가 붙는다. 그러나 그다음 달 30만 원에 대해서는 10퍼센트 이자가 붙지 않는다. 10퍼센트 이자는 12개월간 은행에 맡겼을 때 받을 수 있는 금액이다. 두 번째 달에는 11개월치만 붙는다. 시간이 지날수록 이자가 줄어들고 마지막 달에 넣은 30만 원은 10퍼센트의 12분의 1 정도 이자가 붙는다.

따라서 적금을 부을 때 이자는 중요한 게 아니다.
더 중요한 것은 돈을 모은다는 점이다.
이자가 얼마 붙었느냐가 아닌 원금을 얼마 모았느냐에 주목할 필요가 있다.

14만 원의 이자가 아닌 360만 원의 원금을 모았다는 사실이 핵심이다. 적금을 들지 않았다면 마파람에 게 눈 감추듯 언제 어디로 사라졌을지 알 수 없는 돈이다. 그런데 적금을 드니 내 수중에 남아 있다. 적금으로 모은 원금 360만 원 자체가 인생의 값진 이자나 마찬가지다.

사회생활을 시작한 젊은이라면 월급에서 적금통장으로 무조건 자동이체가 되도록 해놓을 필요가 있다. 쓰고 남은 돈으로 적금을 붓겠다고 생각하면 단 한 푼도 모으지 못할 가능성이 높다. 적금을 통해 적은 돈이라도 모아본 사람이 큰돈도 모을 수 있다. 아울러 재테크나 내 집 마련을 위한 종잣돈도 적금에서 시작된다.

물론 원금이 중요하다고 하더라도 이자는 당연히 따져봐야 한다. 앞서 이야기한 네이버에서 '시중은행 예금금리'를 검색해보면 예금뿐만 아니라 적금금리도 나온다. 다만 적금은 미래 고객을 대상으로 한 경우가 많아 은행별로 특별 판매를 한다. 월급이체, 신용카드 개설 등 해당 은행을 주로 이용하는 조건으로 좀더 높은 금리를 준다. 이런 경우에는 인터넷의 금리 정보에 잘 반영되지 않는 경우도 많으니 직접 확인해봐야 한다. 이런 맥락에서 적금은 자주 이용하는 은행을 활용하는 것이 여러모로 이익이다.

적금도 5천만 원까지 예금자보호가 된다. 예금자보호는 은행별로 합산한 금액 기준이다. 예금통장, 입출금통장, 적금통장 등 3개를 갖고 있다면 모든 통장에 있는 잔고의 총액이 예금자보호 금액의 기준이다. 예금통장에 5천만 원, 입출금통장에 5천만 원, 적금통장에 1천만 원이 있다면 총금액은 1억 1천만 원인데 이 가운데 5천만 원까지만 보장된다.

MMF, MMDA, 알뜰한 이자 수익

20세 이상의 대한민국 국민이라면 신용불량 등의 특별한 경우를 제외하고 언제든 돈을 넣고 뺄 수 있는 수시 입출금통장을 하나씩 갖고 있다. 이렇듯 수시로 돈을 뺄 수 있는 곳이 단기 금융상품 시장이다.

사실 수시 입출금통장은 은행 입장에서 무척 효자다. 은행이 직장인의 급여 통장을 만들어주는 데 적극적인 이유가 여기에 있다. 이자가 무척 낮기 때문이다. 1년에 0.1퍼센트 정도다. 50만 원 미만이면 무이자인 경우도 있다. 은행은 낮은 금리로 통장에 있는 돈을 모아서 안정적 수익이 보장되는 채권 등에 투자한다.

예컨대 수시 입출금통장 하나에 들어 있는 돈의 평균 액수가 10만 원이라고 가정해보자. 개인한테는 큰돈이 아니다. 그러나 전 국민이 갖고 있는 통장의 잔액을 합치면 어마어마하게 큰돈이다. 그야말로 티끌 모아 태산이다. 개중에는 대기업이나 자산가가 유동성 확보 혹은 이자소득세를 줄이기 위해 수십수백억 원을 넣어놓은 경우도 있다. 은행은 거의 무이자인 그 돈을 채권 투자나 대출 등으로 굴려 1천억 원에 가까운 짭짤한 수익을 올린다.

따라서 당장 필요하지는 않지만 그렇다고 1년간 예금하기 힘든 돈은 MMF(초단기 금융상품)나 CMA(자산관리계좌) 등 안전하면서도 수익성이 어느 정도 확보되어 있고, 또 수시로 찾을 수 있는 상품을 활용할 필요가 있다.

예컨대 용돈 50만 원을 받으면 당장 사용할 25만 원은 수시 입출금통장에 넣어두고 나머지 25만 원은 MMF에 이체해놓는 식이다.

자영업자는 목돈이 생기더라도 장기 금융상품에 넣어두기가 불안하다. 갑자기 돈이 필요한 일이 생기기 때문이다. 이런 경우 단기상품이면서도 금리가 높은 MMF나 MMDA(수시 입출식 저축성 예금, Money Market Deposit Account)를 잘 활용하면 현금 유동성도 확보하면서 이자 수익도 올릴 수 있다.

사실 개인 고객은 단기 금융상품에 관심이 많지 않다. 몇백만 원의 월급을 받아 수시 입출금하면서 이자 몇 푼 더 받는 것이 금전적으로 도움되지 않는다고 생각하기 때문이다. 그러나 단돈 몇천 원이라도 이자가 붙으면 기분이 좋아진다. 공돈이 생겼다는 느낌이 든다. 스마트폰 앱을 통해 수시로 입금하고 필요할 때 찾아 쓸 수 있다.

머니마켓펀드(MMF)는 은행에서 판매하는 금융상품이지만 자금 운용은 일반 펀드와 마찬가지로 자산운용사에서 담당한다. 가입 금액에 제한이 없고 중도 해지에 따른 수수료도 없다.

MMF의 안정성이 보장되는 이유는 투자 대상이

국채, 통안채, 신용등급 AA급 이상 회사채, A2급 이상 기업어음(CP) 등

우량 채권으로 제한되기 때문이다.

또 잔존 만기가 짧은 채권에만 투자한다. 펀드 전체의 잔존 만기가 90일 이내로 제한돼 안정성이 매우 높다. 우량기업이 3개월 안에 갑자기 부도날 확률이 극히 낮기 때문이다.

물론 MMF는 투자 상품이므로 원금이 보장되지 않는다. 굴지의 대기업에 투자할지라도 순식간에 부도나면 원금 손실을 볼 수 있다. 물론 그럴 가능성은 높지 않다. 하지만 원금 손실이 전혀 없다고 할 수도 없다.

은행 상품인 MMDA 역시 보통 예금이나 MMF처럼 수시 입출금이 가능하다. 반면 MMF와 달리 확정금리로 이자를 지급하고 예금자보호 상품이므로 안전성도 뛰어나다. 요즘은 한 달짜리 정기예금도 있는데, MMDA와 상품 특성에서 큰 차이가 없다.

CMA는 주로 증권회사가 고객의 예금으로 어음, 채권 등을 운용해서 얻은 수익을 고객에게 지불하는 한편 수시 입출금이 가능한 통장이다. 정기예금보다 낮지만 수시 입출금통장보다 높은 금리를 제공한다. 아울러 은행계좌처럼 급여 이체, 인터넷뱅킹, 결제대금 자동납부, 자동화기기를 통한 입출금 등 각종 금융 서비스가 제공된다. 아울러 확정금리로 이자를 제공한다는 점에서 은행의 MMDA와 유사하다. 다만 증권사의 CMA 상품은 예금자보호가 되지 않는다. 종금사의 CMA는 보호되는데, 지난 IMF 금융위기 이후 현재 남아 있는 종금사는 우리종합금융이 유일하다.

은행은 내 돈으로
돈을 벌어서 이자를 준다

제로금리가 한창이던 시절 북유럽의 한 국가가 마이너스 금리 정책을 펴면서 현금을 안전하게 보관해주는 만큼 수수료를 받아야 한다고 주장했다. 이자를 주기보다 은행이 보관료를 받는 것이 더 합리적이라는 것이다. 언뜻 그럴싸하다. 사실 5천만 원의 현금을 내 집 장롱에 보관하자면 여간 불안한 게 아니다.

그러나 적반하장 격의 생각이다. 왜냐하면 은행은 내 돈을 맡아주는 곳이 아니기 때문이다. 내 돈을 빌려가는 곳이고 따라서 이자를 지불하는 것이 당연하다. 내가 맡긴 돈이 은행에 보관되어 있는 것이 아니다. 보관하지도 않으면서 보관료를 받아야 한다고 주장하는 셈이다.

여기서 은행이 내가 맡긴 돈으로 어떻게 수익을 올리는지 이해할 필요가 있다. 뉴스를 보면 예대마진이라는 말이 나온다. 예금과 대출이자의 차이다. 예컨대 5퍼센트 이자를 주고 예금을 받아 6.5퍼센트로 대출을 하면 1.5퍼센트의 예대마진이 생기고 이 돈으로 은행이 먹고산다고 이야기한다. 그런데 사실 예대마진 1.5퍼센트만으로는 은행이 먹고살기 힘들다.

우선 대출을 한 사람이 100퍼센트 상환하지 않는다.
갚지 못하는 경우가 있다. 그 비율만 1.5퍼센트 이내로 유지하는 것도
쉽지 않다. 통상 0.5~1퍼센트 사이다.

최소 전체 대출의 0.5퍼센트는 사고가 난다. 남은 돈으로 지점도 운영하고 직원 월급도 줘야 하는데 불가능하다.

특히 시중은행은 전국 곳곳에 지점을 둬야 하므로 운영비가 많이 들어간다. 그렇다고 프랜차이즈 업체처럼 개별 사업자가 독립적으로 운영하는 시스템을 구축할 수 없다. 돈의 안정성을 확보하려면 말이다. 따라서 전부 직영이다. 예대마진 1.5퍼센트만 보고 장사하면 완벽한 자원봉사다. 따라서 적은 돈을 넣고 빼는 서민의 입장에서는 그들이 봉사활동을 하는 존재라는 인식도 가능하다. 그렇다면 그 안에 어떤 비밀이 숨어 있을까? 바로 멀티플 이펙트(Multiple Effect)라는 승수 효과다.

예컨대 내가 1억 원의 돈을 5퍼센트 이자를 받고 A은행에 맡겼다고 하자(이해를 돕기 위해 은행은 A은행 하나뿐이라고 가정하자). 은행은 그 가운데 10퍼센트 정도를 뺀 9천만 원을 6.5퍼센트 이자를 받고 대출해준다. 9천만 원의 1.5퍼센트, 즉 135만 원 정도 예대마진이 생겼다. 10퍼센트가량을 빼는 이유는 고객이 예금을 찾을 때를 대비해 현금을 보관해야 하기 때문이다. 그 돈은 한국은행 계좌에 입금해야 한다. 은행이 사용하지 못하도록 하는 것이다.

그런데 대출해준 돈은 공중으로 사라지지 않고 결국 은행으로 다시 돌아온다. 예컨대 9천만 원이 철수에게 대출됐는데, 철수는 아파트 구입 계약금으로 영희에게 지불한다. 그리고 영희는 받은 돈 9천만 원을 A은행에 5퍼센트 이자를 받고 넣어둔다. 나와 철수, 영희는 돈 가방을 들고 왔다 갔다 하지 않는다. 타잔이 줄을 잡고 나무 사이를 오가듯 A은행의 계좌에서 계좌로 움직일 뿐이다.

은행은 이번에는 영희의 돈 9천만 원 가운데 900만 원을 뺀 8100만 원을 6.5퍼센트 이자를 받고 대출해준다. 120만 원의 예대마진이 새롭게 생긴다. 앞서 135만 원을 합해 255만 원의 이익이 발생한다. 내 돈 1억 원이 두 번 돌아 은행은 1.5퍼센트의 예대마진을 두 번 챙긴다. 물론 그 과정에서 내 돈은 철수의 돈이 되었다가 영희의 돈이 되면서 끊임없이 돌고 돈다.

여기서 질문을 해보자. 그렇다면 최초의 나는 누구일까? 돌고 도는 돈의 시작점 말이다. 바로 한국은행이다. 결과적으로 복잡한 모든 걸 생략하고 단순하게 은행 예대마진의 구조를 보면 한국은행에서 기준금리로 돈을 빌려서 지급준비금을 뺀 금액을 0원이 될 때까지 돌린다. 그러면 은행이 결과적으로 챙기는 예대마진은 7~12퍼센트가 된다. 그 중간에 돈은 나의 돈이 되었다가 철수의 돈이 되었다가 영희의 돈이 되기도 한다.

내가 은행에 맡긴 돈이 보관되어 있는 것이 아니라 돌고 돌며,
한 번 돌 때마다 은행은 돈을 번다. 경제학에서 이를 승수 효과라고 부른다.

은행이 적은 폭의 예대마진으로 돈을 벌 수 있는 이유다. 한 가지 명확한 사실은 절대 은행은 내 돈을 보관하고 있지 않다는 점이다.

이 같은 승수 효과는 시중은행과 저축은행의 예대마진 차이를 만드는 원인이다. 실제 저축은행의 예대마진은 7퍼센트를 넘어간다. 6퍼센트에 예금을 받아 13퍼센트에 대출해준다. 얼마 전 모 국회의원은 저축은행이 시중은행에 비해 엄청난 폭리를 얻는다고 했다. 시중은행이 누리고 있는 승수 효과를 이해 못 했거나 정치적 의도가 있었던 게 아닐까 싶다.

앞서 10퍼센트로 가정한 지급준비율은 늘 변한다. 한국은행이 이를 정하는데, 기준금리와 더불어 통화량을 조절하는 수단이다. 통화량을 늘리고 싶다면 지급준비율을 낮춘다. 10퍼센트에서 5퍼센트로 낮추면 1억 원의 예금을 받은 은행은 9천만 원이 아닌 9500만 원을 대출해줄 수 있다. 비례해서 돌릴 수 있는 횟수도 증가한다. 은행 입장에서는 고마운 일이다. 다만 너무 낮아지면 고객이 예금을 찾으려고 할 때 내주지 못해 뱅크런이 발생할 수도 있다. 이런 점을 고려해 지급준비율이 결정된다.

대출을 할 때는 최악의 경우를 생각하라

제로금리가 한창이던 시절 '대출 없이 부동산을 구입하거나 장사하는 사람은 바보'라고 말하기도 했다. 대출을 끼고 부동산에 투자하거나 사업하면 더 많은 이득을 올릴 수 있기 때문이다. 예컨대 집을 담보로 3억 원을 빌리면 3억 원만 있어도 6억 원짜리 집을 살 수 있다. 집값이 올라 9억 원이 되면 3억 원을 투자해 3억 원을 벌게 된다. 따라서 6억 원으로 집을 한 채 구입하는 사람은 '바보'이고, 대출을 받아 2채를 산 사람이 더 현명한 투자자로 칭송받았다. 2배 더 많이 벌었기 때문이다.

사업도 마찬가지다. 내 돈 1억 원으로는 10평 정도의 가게만 낼 수 있다고 했을 때, 은행에서 1억 원을 추가로 빌리면 20평 규모로 가게를 확장할 수 있다. 장사가 잘되면 내 돈만으로 했을 때보다 더 큰 수익을 올릴 수 있다. 돈이 없어서 대출받기도 하지만 더 큰 수익을 위해 빌리기도 한다.

그런데 이 모든 것은 경기가 좋을 때 이야기다. 대한민국이 꾸준히 성장했을 때의 성공 방식이다. 경기 침체에 접어들면 대출은 비수가 되어 돌아온다.

3억 원씩 대출받아 6억 원짜리 아파트 2채를 샀다고 하자. 자기 돈 6억 원으로 12억 원어치 아파트를 산 것이다. 그런데 6억 원이던 아파트가 반 토막이 나서 3억 원으로 폭락하면, 자기 돈 6억 원을 모두 잃는다. 거기에 대출금 6억 원에 대한 이자도 매달 갚아야 한다. 대출 없이 6억 원짜리 아파트 1채만 산 사람은 손해액도 적을 뿐 아니라 대출이자를 낼 필요도 없다. 그 집에 살면서 경기가 회복되기를 기다리면 된다.

따라서 대출받을 때는 최악의 경우에 입을 손실도 늘 염두에 둬야 한다.

대출은 양날의 칼과 같다. 대출로 더 많은 투자를 할 수도 있지만
실패했을 때 그만큼 더 큰 손해를 감당해야 한다.

우리는 대출할 때 수익만 생각하는 경향이 있다. 자칫 벌어질 수 있는 위험한 상황에 대해서는 '설마'라며 애써 외면한다. 그러다 집값이 떨어지고 금리가 오르는 상황에서 이중의 고통을 겪는다. 재테크를 할 때 세상을 너무 긍정적으로만 보는 것도 좋지 않다. 냉정하고 정확하게 볼 필요가 있다.

주식보다 채권시장을
알아야 하는 이유

일반인이 채권에 투자하는 경우는 드물다. 그런데도 채권시장을 이해해야 하는 이유는 관련 뉴스가 자주 등장하기 때문이다. 채권의 움직임이 경기 순환뿐만 아니라 주식시장의 움직임 등에도 큰 영향을 주는 탓이다.

채권은 약속된 증서를 발행하고 자금을 빌리는 것이다. 은행에서 돈을 빌리는 대출과 다른 점이 여기에 있다. 은행에서 돈을 빌리려면 담보가 있어야 한다. IMF 이전에는 대기업에게 적은 담보로 큰돈을 빌려주는 경우도 많았다. 사실상 신용대출이다. 그러나 지금은 더 까다로워졌다. 따라서 담보 없이 돈을 빌릴 수 있는 채권 발행에 기업이 적극적일 수밖에 없다.

채권에는 공공기관이 발행하는 국고채가 있고, 회사가 발행하는 회사채가 있다. 국고채에는 기획재정부가 발행하는 국채, 한국은행이 발행하는 통화안정증권(통안채), 지자체가 발행하는 지방채가 있다. 국채와 지방채는 정부기관이 정책을 수행하는 데 필요하지만 세금으로 충당하지 못하는 부분을 메우기 위해 발행한다. 은행에서 빌리지 않고 채권을 발행하는 이유는 이자가 더 저렴하기 때문이다. 세금이라는 확실한 고정수입이 있기에 원금 보장이 확실함에 따라 더 저렴한 이자를 준다. 아울러 국가기관은 담보를 제공하기 쉽지 않다. 청와대나 국회의사당을 담보로 돈을 빌릴 수는 없다.

2022년 10월 벌어진 레고랜드 사태도 지방채와 연관되어 있다. 춘천 의암호 내에 있는 하중도라는 섬에 아시아에서 가장 규모가 큰 레고랜드를 만들었는데, 강원도는 중도개발공사라는 지방공기업을 통해 상수도와 도로 개발을 지원했다. 레고랜드가 지역경제 발전에 도움될 것이라는 판단으로 인프라 구축에 협조했던 것이다. 레고랜드와 직접적인 관계없는 지역 토목 사업이었다.

이를 위해 중도개발공사는 특수목적회사(SPC) 아이원제일차를 설립하여 2,050억 원의 지방채를 발행했다. 당연히 강원도가 보증을 섰고 BNK투자증권이 주관사로 해당 어음을 증권사 10곳과 자산운용사 1곳에 판매했다. 증권사는 원금이 보장되는 상품으로 생각했는데, 새롭게 들어선 지방정부가 갚을 수 없다고 선언하면서 파문이 일어났다. 다시 갚겠다고 번복했지만 어처구니없는 일이었다. 현 정부가 전 정권의 기획재정부가 발행한 국채를 갚지 않겠다고 말하면 어떻게 될까. 국가 시스템이 무너진다.

국고채 가운데 통화안정증권은 한국은행이 통화량을 조절하기 위해 발행하는 것이다. 시중에 통화량이 많다고 생각하면 이것을 발행해서 돈을 끌어모은다. 반대로 통화량을 늘리고자 할 때는 이것을 사들인다. 기준금리와 지급준비율 그리고 통화안정증권은 한국은행이 통화량을 조절하는 데 사용하는 주요 수단이다.

회사채는 기업들이 자금을 조달하기 위해 발행하는 채권이다. 발행기관과 인수기관이 있는데, 보통 증권사가 인수한다.

채권에 투자하고 싶다면 증권회사에서 회사채 구매도 가능하다.

요즘은 증권회사 홈트레이딩 시스템에서 구입할 수 있다.

채권 가격에 영향을 미치는 것이 바로 기업의 신용등급이다. AAA에서 D등급까지 있다. 등급이 높을수록 금리가 낮다. 비록 담보는 없지만 신용도가 높아서 떼일 염려가 거의 없는 탓이다. 높은 신용등급의 회사는 은행 대출보다 낮은 금리로 자금을 조달하기 위해 채권을 발행하기도 한다. 신용도가 높은 기업은 담보 없이 낮은 이자로 회사채를 발행할 수 있다. 신용등급 자체가 담보인 셈이다.

B등급의 채권은 투자 부적격으로 불리며 금리가 높아서 고수익을 노리고 투자하는 경우가 있다. 해당 기업이 망하면 채권은 휴지 조각이 될 수 있다. 앞서 말했듯이 채권은 담보가 없기 때문이다. 담보를 잡고 돈을 빌려준 사람이 전부 챙기고 남은 돈으로 빚잔치를 해야 한다.

채권은 개인이 투자하기에 큰 이점이 없다. 국채는 개인이 투자하기도 어려울 뿐만 아니라 금리도 낮다. 안전한 회사채는 수익성에서 은행 예금과 큰 차이가 없다. 아무리 신용등급이 높아도 예금자보호가 되는 은행 예금만큼 안전하지는 않다. B등급 채권은 수익이 조금 높지만 감당해야 할 리스크가 너무 크다.

채권 발행시장의 구조만 알아도
관련 뉴스를 어느 정도 이해할 수 있다.

현재 가장 큰 문제가 되는 것은 B등급 이하의 기업과 일부 낮은 A등급 기업의 회사채 발행이다. 기준금리가 오르면서 당연히 채권 발행 금리도 오른다. 문제는 불황기에는 높은 금리로 발행하더라도 시중에서 소화되지 않는 상황이 벌어진다는 점이다.

회사채는 이미 만기가 된 회사채의 원금을 갚기 위해 발행하는 경우가 많다. 빚으로 빚을 갚는 셈이다. 그렇지 않으면 회사가 갖고 있는 현금을 사용해야 한다. 기업은 가능하면 현금은 쓰지 않으려고 한다.

현금이 있는 경우는 그래도 별문제 없다. 채권 발행에 실패해도 회사 금고에서 돈을 빼서 만기 채권의 원금을 상환하면 된다. 문제는 현금이 없는 경우다. 채권 발행에 실패해서 만기 채권의 원금을 갚지 못하면 기업은 부도가 난다. 더불어 해당 기업의 주가도 폭락할 수밖에 없다. 주가가 폭락하면 채권 발행이 더더욱 어려워진다. 악순환이 벌어지는 셈이다.

B등급의 회사에서 이 같은 일이 벌어진다면 어차피 무너질 기업이 무너졌다는 생각이 들 수도 있다. 그러나 A등급의 회사에서 이 같은 일이 벌어진다면 경제 전체 구조에 심각한 문제가 발생할 수 있다. 튼튼한 기업도 버티기 힘든 상황이라는 공포감이 시장 전반에 퍼지고, 회사채 시장의 근간을 떠받치고 있는 기업 신용도 평가 시스템이 흔들릴 수도 있다.

실물경제에서 벌어지는 경제의 경착륙이 바로 이런 상황이다. 이때 정부가 나서게 된다. 정부가 산업은행 등을 통해 자금을 풀어 투자 공포감으로 인해 판매되지 않은 채권을 일단 사들인 뒤 시장이 안정되면 되판다. 물론 기업이 완전히 부도나면 정부 금고에는 부실채권이 쌓이고 국채나 세금 등 공적자금으로 메워야 한다.

금리와 채권은 반대로 움직인다

채권시장의 또 다른 영역이 바로 유통시장이다. 유통시장에서는 금리의 변화가 채권 가격과 수익률에 큰 영향을 미친다. 발행시장이 기업과 투자자의 실물경제에 가까운 시장이라면 유통시장은 그야말로 금융시장이다.

채권은 표면 금리 수익률과 만기 수익률이 있다. 채권을 발행하는 시점의 수익률이 표면 금리 수익률이고, 만기에 받는 것이 만기 수익률이다. 발행하는 날 2가지 수익률은 같다. 예를 들어 1억 원짜리 채권을 3년 만기 5퍼센트 금리로 발행한다고 하자.

채권은 미리 이자를 지급하는 할인형이 많다. 만기 때 원금 1억 원과 이자 1500만 원을 주는 것이 아니라 발행 당시 이자를 미리 준다. 그렇다면 결과적으로 8500만 원에 1억 원짜리 채권을 구입할 수 있는 셈이다. 이것이 곧 선이자다.

사채는 선이자를 떼는 경우가 많다. 사채시장에서 100만 원을 연 20퍼센트 이자로 빌린다면 사채업자는 이자 20퍼센트를 미리 떼고 80만 원만 준다. 회사채도 결국 사채다. 회사채를 사는 사람이 이자 1500만 원을 떼고 나머지 8500만 원만 회사에 빌려주는 셈이다.

여하튼 발행 시점에는 만기 수익률도 연 5퍼센트이고, 발행 당시 예상 수익률도 연 5퍼센트로 동일하다. 다만 이자를 먼저 받을 뿐이다. 만기에 1억 원을 받으면 최초 발행 당시 약속한 연 5퍼센트의 수익을 챙기는 셈이다. 약속했던 시점과 만기 시점의 수익은 동일하다.

문제는 시중금리가 움직인다는 사실이다. 예컨대 기준금리가 0퍼센트가 될 수 있다. 그러면 회사는 3년 만기 5퍼센트가 아닌 1퍼센트 채권을 발행한다. 기준금리가 내려간 만큼 회사채 금리도 떨어진다. 따라서 선이자 300만 원을 주고 9700만 원을 챙길 수 있다. 회사로서는 당연히 이득이다. 그러나 채권을 사는 사람은 반대다. 과거에는 선이자 1500만 원을 제하고 8500만 원만 주면 됐는데 이제 9700만 원을 줘야 한다. 그만큼 1억 원짜리 채권이 비싸졌다.

금리와 채권 가격은 반대로 움직인다.
바로 이 같은 일이 벌어진다는 뜻이다.

1년 전 8500만 원에 1억 원짜리 채권을 샀다고 했을 때 2년만 더 가지고 있으면 1억 원을 받는다. 그런데 9700만 원에 3년 만기 1억 원짜리 채권을 사려고 하는 사람을 찾아가 '2년 뒤에 1억 원을 받을 수 있으니 9600만 원에 사라'고 제안한다. 귀가 솔깃한 제안이 아닐 수 없다. 3년 만기 채권을 살 때보다 100만 원이 더 싼데도 만기가 1년이나 짧다. 연 2퍼센트의 수익을 올릴 수 있으니 당연히 산다.

　나는 8500만 원을 투자해 1년 만에 1100만 원을 벌었다. 연 5퍼센트 3년 만기 채권에 투자해 13퍼센트 가까운 수익률을 기록한 셈이다. 이것이 곧 유통시장이다.

향후 금리가 떨어질 가능성이 있다면
채권시장에 투자하는 것도 하나의 방법이다.

　특히 지금처럼 경기가 좋지 않을 때는 신용등급이 우량한 기업도 높은 금리로 채권을 발행할 수밖에 없는 상황에 처하기도 한다.

　그렇다면 금리가 오를 때는 어떤 문제가 발생할까? 1년 전 9700만 원에 3년 만기 1억 원짜리 채권을 산 사람은 눈 뜨고 큰 손해를 보게 된다. 금리가 5퍼센트로 올라 이제 8500만 원이면 살 수 있는 채권이 되어버렸다. 내가 산 9700만 원짜리 채권도 결국 8500만 원짜리와 다를 게 없다. 만기에 1억 원을 받는 것은 똑같기 때문이다.

FRB가 기준금리를 올리면 미국 국채금리가 동시에 상승한다. 이는 곧 미국 국채 가격이 떨어진다는 뜻이다. 제로금리일 때 1억 달러짜리 국채는 1억 달러에 팔린다. 그럼에도 불구하고 원금이 보장되기 때문에 불티나게 팔렸다. 그런데 채권금리가 4퍼센트가 되면 1억 달러짜리 국채가 9600만 달러가 된다. 1억 달러에 산 국채가 유통시장에서 9600만 달러짜리가 됐으니 앉아서 400만 달러를 손해 본다.

이것이 미치는 파장이 클 수 있다. 10년 만기 채권을 10년간 들고 있다면 아무 문제 없지만 이것을 기초 자산으로 수많은 파생상품이 만들어지기 때문이다.

채권 가격의 하락으로 파생상품 구조에 문제가 발생할 수 있다.

마이너스 금리를 유지했던 유럽은 오히려 웃돈을 주고 국채를 사야 했던 시절이 있었다. 3년 만기의 1억 유로짜리 채권을 발행하면서 독일 정부가 약 1억 100만 유로를 받기도 했다. 돈을 빌리는 사람이 이자까지 받는다. 내가 친구에게 1천만 원을 빌리는데, 빌려줘서 고맙다고 20만 원짜리 상품권을 받은 셈이다. 돈을 빌리지 않을 이유가 없다. 나중에 나는 1천만 원만 갚으면 된다.

어처구니없는 일이지만 실제 있었던 일이다. 일본 정부가 상당히 오랜 기간 마이너스 금리를 포기하지 않은 이유도 여기에 있다. 화폐 발행을 독점한 국가의 권력 남용으로 볼 수 있다. 하지만 결과적으로 화폐를 위험에 빠뜨린다.

하이 리스크 하이 리턴, 정크본드

회사채 시장에서 큰 수익이 발생하는 경우가 있다. 기업은 국가와 달리 경쟁 상태에 있기 때문에 상대 기업에게 시장을 빼앗기거나 불의의 사고로 리스크가 급증할 수 있다. 그런 경우 유통시장에서 해당 회사채 가격이 급락한다. 즉 이자율이 크게 오르는 것이다.

예를 들어 5퍼센트에 3년 만기 1억 원짜리 회사채가 있다고 하자. 8500만 원에 발행된다. 그런데 회사에 큰 문제가 터져서 당장 망할 수도 있다는 공포가 생기면 투자금액 8500만 원이 고스란히 날아갈 수 있는 불안감이 증가한다. 이때 유통시장에서 만기가 2년 남은 해당 회사채가 턱도 없이 낮은 가격, 즉 5천만 원에 거래될 수도 있다. 누군가 그걸 사고 1년 뒤 회사가 원상회복된다. 만기가 1년 남은 해당 채권 가격은 9500만 원 정도된다. 연 5퍼센트가 보장되기 때문이다. 5천만 원에 산 사람은

4500만 원의 이익을 올린다. 1년간 2배 가까운 수익이다. 이것이 흔히 이야기하는 정크본드 시장이다. 하이 리스크 하이 리턴이 명확한 곳이다.

회사채는 일반 회사채 외에 주식과 연관된 회사채가 있다. 전환사채(CB), 신주인수권부사채(BW), 교환사채(EB)이다. 전환사채는 발행 회사의 주식으로 전환할 수 있는 권리가 부여된 채권이다. 주식으로 전환하기 전에는 이자를 지급받을 수 있는 채권이지만, 주식으로 전환하면 채권이 소멸하고 발행 회사의 주식이 된다. 주식으로 전환할 수 있는 권리를 부여했기 때문에 일반적으로 해당 회사채 금리보다 조금 낮은 편이다.

전환사채의 투자 핵심은 주식 전환 가격이다. 예컨대 주식 전환 가격이 1만 원이고 현재 주식 가격이 1만 5천 원이라고 하자. 주식으로 전환하면 투자자는 1만 원에 주식을 받게 되니 5천 원의 수익을 얻는다.

주식 전환 가격이 현재 주가보다 높으면 주식으로 전환하지 않고 만기까지 보유해 약정 이자를 지급받으면 된다.

기업은 주식 전환 권리가 붙은 만큼 일반 회사채보다 조금 낮은 금리로 발행할 수 있기에 선호하는 편이다. 반면 주가에는 부정적인 영향을 미칠 가능성이 높다. 향후 해당 회사의 주식 물량이 증가할 가능성이 높기 때문이다.

신주인수권부사채는 신주를 인수할 수 있는 권리가 부여된 채권이다. 채권과 신주인수권이 합쳐진 채권이다. 이는 자금 조달이 어려운 기업들이 선호하는 경향이 있다. 채권인 동시에 주식인 신주인수권부사채는 투자자 유치가 훨씬 수월하다. 전환사채는 주식으로 전환하면 채권이 소멸되지만 신주인수권부사채는 신주인수권을 행사해도 채권은 남아 있다. 예를 들어 현재 주가가 1만 원이고 신주인수권(워런트, warrant) 행사 가격이 5천 원이라면 투자자는 워런트를 분리해 5천 원의 수익을 낼 수 있다. 신주인수권부사채의 투자 핵심은 이 워런트에 있다. 만기까지만 주가가 행사 가격보다 높으면 된다.

교환사채는 회사가 보유한 주식을

약정된 비율과 가격으로 교환할 수 있는 채권이다.

교환사채는 새롭게 주식을 발행하는 것이 아니라 기존에 갖고 있던 주식을 제공하는 것이다. 따라서 자사 주식을 대량으로 보유하고 있는 기업이 발행 가능한 채권이다.

교환사채의 핵심은 교환 비율과 가격에 있다. 현재 주가가 1만 원이고 교환 비율이 80퍼센트, 교환 가격이 8천 원이라면 1만 원 중 8천 원을 주식으로 바꾸고 나머지는 채권으로 보유할 수 있다.

보험, 내가 위험할 때만
이익이 발생한다

보험회사 광고에는 어려울 때 든든한 지원군이 되어주겠다는 말이 자주 등장한다. 힘들고 어려울 때 보험만 한 게 없다고 이야기한다. 그런데 보험 영업을 하는 친구가 전화하면 우선 피하게 된다.

내가 어려울 때 도움을 주겠다는 사람을 자꾸 피하게 되는 역설적인 상황을 이해하기 위해서는 먼저 보험회사와 보험상품의 구조를 파악해야 한다. 그래야 보험을 팔러 온 친구와 정보 격차 없이 대화할 수 있고 내게 정말 필요한 보험이 무엇인지도 알 수 있다.

보험회사는 어려운 처지에 있는 사람을 도와주는 자선사업 단체도 아니고, 이익을 남기는 기업도 아니다. 상당히 독특한 성격과 구조를 갖고 있는데, 예전에 많이 했던 '계'를 생각하면 간단하다. 계주는 있지만 계주가 돈을 버는 구조는 아니다. 보험회사는 일종의 계주인 셈이다. 말 그대로 상호부조의 성격이 있다.

사람들이 조금씩 돈을 모아 목돈이 필요한 사람을 돕는 구조다.

따라서 사고율이 중요하다. 그에 따라 보험료가 결정되기 때문이다.

예컨대 암보험을 판매하는 보험사가 광고에서 자주 언급하는 말이 있다. 대한민국 국민 3명 중 1명이 암에 걸린다는 것이다. 누구나 암에 걸릴 위험에 노출되어 있다는 사실을 강조하기 위함이다.

그런데 이는 곧 3명 가운데 1명이 암에 걸린다는 것을 근거로 보험료가 책정된다는 뜻이다. 기본적으로 3명이 낸 보험료로 1명을 돕는 구조이다. 예컨대 1천만 원의 보험 진단금을 주는 암보험은 1인당 300만 원 정도 내야 한다. 그래야 3명이 1천만 원을 모을 수 있다. 300만 원을 10년간 내야 한다고 했을 때, 매년 30만 원의 보험료를 납부해야 하고, 한 달 보험료는 대략 1만 5천 원 정도이다. 물론 나이가 어리면 암에 걸릴 가능성이 낮기에 더 적은 금액이 나오고 나이가 많을수록 보험료가 높아진다. 어쨌든 3명 중 1명이 암에 걸린다는 사실에 근거해 보험 상품의 골격이 만들어진다.

반면 위험이 발생할 확률이 낮은 경우 납부해야 할 보험료도 적어진다. 대표적인 것이 주택화재보험이다. 월 1만 원만 내면 불이 날 경우 수억 원까지 보상받을 수 있다. 그리고 만기 때 최소 납입 보험금의 절반을 돌려주는 경우도 있다. 집에 불이 날

가능성이 무척 낮기 때문이다. 따라서 수익형 부동산을 운영하는 임대사업자는 적은 금액으로 만일의 사태를 대비할 수 있는 화재보험에 들어놓을 필요가 있다. 가격도 저렴할 뿐만 아니라 혹시 모를 위험에 대비할 수도 있다.

보험회사는 상호부조 성격이 있기 때문에 이익이 많이 남으면 보험 가입자에게 돌려주기도 한다. 예컨대 자동차보험 가입자들이 사고를 덜 내서 보험료보다 보험금 지급액이 적으면 남은 돈을 가입자들에게 나눠주거나 다음 해 보험료를 할인해준다.

반면 상호부조 성격 때문에 기업 경영이 방만할 수 있다.
이익이 남으면 이런저런 명목으로 돈을 지출할 가능성이 높다.

지난 2008년 금융위기 당시 AIG와 ING 생명이 파산했는데, 이 같은 맥락이 주요하게 작용했다고 할 수 있다.

주식회사 성격의 보험회사도 있다. 우리나라는 전부 주식회사 성격이다. 따라서 이윤 추구가 중요하다. 이윤을 많이 내기 위해서는 보험료를 많이 걷고 보험금은 적게 줘야 한다. 따라서 소비자에게 불리한 조건을 제시할 수 있다. 대신 상호부조 성격의 보험회사보다 경영이 덜 방만할 가능성이 높다. 이윤을 더 많이 창출해야 하기 때문이다.

연금보험 연금저축,
돈을 쓰지 못하게 하는 효과

연금보험과 저축보험은 20년간 보험금을 내고 노후에 연금 형태로 돈을 받는 구조다. 세부적으로 다양한 형태가 있는데, 여러 사람이 적은 돈을 갹출해 위험에 대비하는 상호부조의 상품이 아니다. 그런 점에서 은행 적금과 동일 선상에 있다. 적금과 비교해 어떤 상품이 나에게 필요한지 판단할 필요가 있다.

첫 번째 봐야 할 문제는 원금 보장성이다. 보험은 만기 전 원금 보장이 되지 않는 상품이 많다. 만기 전에 해지할 경우 원금보다 적은 돈을 돌려받는다. 반면 적금은 그렇지 않다. 이유는 바로 보험회사의 비용 때문이다. 보험회사는 내가 낸 보험금에서 설계사 수수료도 지불하고 회사 운영에 필요한 금액을 제하고 나머지 돈을 투자한다. 예컨대 10만 원씩 20년간 붓는 저축보험은 첫 1년간 낸 돈은 전혀 저축되지 않는다. 설계사의 수수료와 보험회사의 운영비로 사용된다. 따라서 첫 1년간은 돌려받을 수 있는 돈이 거의 없다. 이후에 들어가는 돈부터 수익이 창출되기에 원금을 회복하기까지 시간이 걸린다.

반면 은행은 내가 부은 적금에서 어떤 수수료도 떼지 않을 뿐만 아니라 은행 운영에 들어가는 비용을 충당하지도 않는다. 은행이 그럴 수 있는 것은 앞에서 설명한 승수 효과 때문이다. 은행은 내가 불입한 돈으로 대출을 해서 예대마진보다 높은 투자 수익을 얻는다.

보험 상품에는 이 같은 승수 효과가 없다.

대신 채권 등 금융상품에 투자된다.

실상 예금금리보다 조금 높은 수익을 올릴 가능성이 높다.

그 수익만으로 보험사를 운영하고 고객에게 약속한 이자를 지급하기에, 일단 보험금에서 수수료를 떼는 것이다. 각종 퇴직연금이나 종신형보험도 마찬가지다.

연금보험과 연금저축의 대표적인 장점은 세액공제와 비과세 혜택이다. 적금보다 불리한 상황에서 일종의 혜택을 제공하는 셈이다. 연금저축은 400만 원까지 납입액의 16퍼센트 정도 세액공제를 해준다. 통상 30만~40만 원 정도의 세액공제를 받을 수 있다고 한다. 연금보험은 세액공제 혜택은 없으나 나중에 받게 되는 연금에서 비과세 혜택을 받을 수 있다.

또 하나의 장점은 복리 혜택이다. 사실 복리 혜택을 얻을 수 있는 이유는 20년간 찾을 수 없는 탓이다. 20년간 반복해서 원금과 이자를 투자하는 구조이다. 당연히 적금으로도 복리 혜택을 누릴 수 있다. 매년 만기가 되는 적금을 이자와 함께 정기예금을 들면 결과적으로 1년 만기 복리 혜택을 누리는 것이다.

문제는 정기예금의 높은 환금성과 원금 보장성 때문에 홀연히 사라질 가능성이 높다는 점이다. 1년 만기로 찾은 정기예금을 또다시 은행에 예치하지 않고, 써버릴 가능성을 배제할 수 없다. 저축성 보험은 역으로 중도 해지환급금이 원금보다 적기 때문에 어쩔 수 없이 만기까지 유지할 수 있다.

들어야 할 보험, 고민해야 할 보험

가족 4명이 모두 암보험에 가입한 경우가 있다. 3명이 모여 1명을 돕는 구조에서 4명이 모여 1명을 돕는 형태를 만든 셈이다. 2명이 암에 걸리는 최악의 상황을 배제한다면 4명의 보험금으로 적금을 붓는 것이 더 이득이다.

예를 들어 1인당 2만 5천 원인 보험료 10만 원을 10년간 부으면 현재 금리로 2천만 원 가까이 된다. 혹여 누군가 암에 걸렸을 때 큰 도움이 될 수 있다. 또 하나의 장점이 있다. 누구도 암에 걸리지 않는다면 2천만 원은 고스란히 종잣돈이 된다. 실손보험은 만기에 돌려받을 돈이 없다. 누군가의 보험금으로 지불되었기 때문이다. 물론 가입 후 5년 이내에 암에 걸린다면 당연히 보험이 더 나을 수 있다. 이 같은 장단점을 놓고 판단해볼 필요가 있다.

물론 적금은 앞서 보았듯이 지극히 환금성이 높다는 것이 장점이자 단점이다. 1년 만기 적금을 한 푼도 쓰지 않고 10년간 매년 고스란히 정기예금을 넣기에는 현금의 유혹이 클 수 있다. 자칫 만기에 찾은 돈을 필요한 데 써버릴 가능성도 있다.

정기사망보험이라는 것이 있다. 인터넷으로 가입하면 보험료가 월 1만 원 미만인 경우도 있다. 가입 기간은 통상 20년이다. 20년간 내더라도 200만 원 안쪽이다. 불의의 사고로 세상을 떠났을 때 1억 원 정도 보험금이 나온다. 대신 사고가 나지 않으면 만기 시 돌려받는 돈이 없다.

가장은 본인에게 사고가 발생했을 때 가족이 겪게 될 금전적 문제에 대한 근심이 있다. 돈 버는 사람이 사라지면 어린 자녀와 아내는 고통스러운 시간을 보내야 한다. 이 같은 고민을 해결해 줄 수 있는 보험이다.

정기사망보험은 상호부조 성격이 있다. 주로 어린 자녀를 둔 30대 가장이 가입하는데 사고 가능성이 아주 높지는 않다. 따라서 앞서 주택화재보험처럼 보험료가 저렴하다.

반면 종신보험은 비슷한 보장을 해주는 듯싶은데 보험료가 20배 이상 비싸다. 이유는 내가 낸 돈을 내가 돌려받는 구조이기 때문이다. 연금보험과 크게 다르지 않다. 연금보험이 내가 살아 있는 동안 돌려받는 상품이라면 종신보험은 사망 후 가족들이 돌려받는다는 차이가 있을 뿐이다. 반드시 돌려받는 저축성 보험이기에 보험료가 비싸다.

화폐 발행, 돈으로 할 수 있는 최고의 재테크

주식시장에서 정말 큰돈을 버는 사람은 주식투자자가 아닌 주식을 발행하는 회사의 주주들이다. 기업공개를 하고 나면 대주주는 돈방석에 앉는다. 부동산 시장에서 큰돈을 버는 사람 역시 아파트 투자자가 아닌 건물을 짓는 사람이다.

그렇다면 현금으로 재테크하는 시장에서는 누가 가장 많은 돈을 벌까? 돈을 찍어내는 사람이다. 타인이 발행한 화폐를 은행에 넣어두고 예금이자를 받는 것보다 수십수백 배의 이득을 얻는다.

물론 법정화폐를 발행하는 한국은행은 돈 장사를 하지 않는다. 5만 원짜리 화폐를 찍어 그걸로 자장면을 사 먹지 않는다. 은행에 대출해주고 기준금리로 이자를 받을 뿐이다. 받은 이자는 국고로 들어간다. 국가가 독점하는 대신 수익을 창출하지 않는다. 합리적인 시스템이다.

정말 화폐가 돈을 벌기 위해서는 5만 원을 찍어 자장면을 사

먹을 수 있어야 한다. 위조지폐는 그런 점에서 이 같은 형태의
화폐 발행이다. 북한이 달러 위조지폐를 만들고자 하는 동기가
여기서 출발한다.

예전에는 금광업자가 같은 방식으로 화폐를 창출해 돈을 벌었
다. 캐내는 금이 곧 화폐가 됐다. 금화를 발행해 사고 싶은 것을
마음껏 살 수 있었다. 1970년대 이후 달러가 이 같은 기능을 하
고 있다. 현재 미국은 달러를 찍어 석유도 사고, 중국산 제품도
산다. 소위 기축통화가 갖는 매력이다. 석유를 사고 싶은 한국은
일단 미국에 반도체를 주고 달러를 받아와야 한다. 이 같은 미국
의 독점에 반발하는 한편, 그들이 만든 시스템의 틈새를 파고든
것이 바로 가상화폐다.

비트코인은 위조지폐를 찍어내지 않고도 화폐 발행의 이득을 누렸다.

화폐로 돈을 번 경우이다.

가상화폐가 우후죽순 늘어나는 이유도 바로 이 같은 화폐 발
행의 매력 때문이다.

백화점 상품권도 마찬가지다. 백화점의 관점에서 본다면 종이
한 장으로 10만 원짜리 상품을 만드는 것이다. 상품권에는 종이
에 적힌 액수만큼 백화점에서 파는 물건을 가져갈 수 있다는 약
속이 담겨 있다. 그러나 동시에 상품권 소유자들이 즉시 물건을

사지는 않는다. 때로는 상품권을 수개월 혹은 수년간 가지고 있다. 백화점으로서는 상품권을 상품으로 팔아서 큰 이득을 챙긴 것이다. 실질적으로 화폐를 발행해 해당하는 액수만큼 현금과 교환한 것과 다를 바 없다.

근래 인기가 높아진 지역화폐 혹은 지역상품권도 궁극적으로 화폐 발행의 이득을 노렸다고 할 수 있다. 예컨대 A라는 시민은 지방정부가 발행한 지역화폐 30만 원어치를 사면서 현금 30만 원을 입금한다. 백화점 상품권 30만 원어치를 30만 원 주고 사는 것과 동일하다.

그런데 우리는 30만 원짜리 상품권을 구입하자마자 곧바로 사용하지 않는다. 그동안 지방정부는 내가 지역화폐를 사면서 지불한 현금을 본인의 계좌에 넣어두고 현금이 필요할 때 사용한다. 아울러 이자 수익도 얻는다.

지방정부가 지역화폐를 발행해서 얻을 수 있는 정말 큰 이득은 법정화폐와 관계없이 자체적으로 지역화폐를 발행할 수 있다는 점이다. 현금 30만 원을 주고 30만 원어치 지역화폐(상품권)를 사는 것이 아니라 30만 원짜리 상품권 자체를 발행한다는 것이다. 이렇게 발행한 상품권 혹은 지역화폐를 지역의 저소득층에 나눠준다. 지역화폐가 법정화폐 없이 유통되는 생태계가 구축된다면 충분히 가능하다.

예를 들어 지역에 마트와 식당, 단 2개만 있다고 가정해보자.

마트 사람들이 식당에 가서 지역화폐로 결제하고 밥을 먹는다. 식당은 그렇게 얻은 지역화폐를 가지고 마트에 가서 식재료를 산다. 법정화폐 없이 지역화폐만으로 경제가 돌아갈 수 있다. 법정화폐와 교환되지 않은 지역화폐를 유통할 수 있는 기반이 마련된다. 현금이 창출되는 것이다. 그 상황에서 지역 저소득층에게 지역화폐를 나눠줌으로써 식당과 마트를 이용할 수 있다.

이것이 가능한 이유는 지역화폐를 갖고 있는 사람들이 모두 법정화폐로 바꿔달라고 하지 않기 때문이다.

지역화폐 유통이 활발해질수록
더 적은 양의 법정화폐를 갖고 있어도 문제될 게 없다.

사람들은 굳이 법정화폐로 바꿀 필요 없이 사용할 수 있다. 특히 지역화폐로 거래할 경우 5~10퍼센트 할인해준다면 더 큰 이득이다.

다만 법정화폐를 운용하는 한국은행과 중앙정부의 통제에서 벗어날 경우 지역화폐를 마구 찍어내고 싶은 유혹에 빠질 수 있다. 그렇게 되면 지역뿐만 아니라 국가 경제 전체가 흔들린다.

앞으로 다양한 방식의 화폐 창출 방법이 고안될 가능성이 높다. 독점은 그것을 무너뜨리려는 반작용 에너지를 동시에 만들기 때문이다. 신뢰도가 높지만 그렇다고 100퍼센트 신뢰를 주지 못하는 법정화폐의 한계도 있고, 아울러 화폐 창출이 주는 이득이 크기 때문이다. 가상화폐나 지역화폐 그리고 백화점 상품권은 이 같은 욕망에서 출발했다. 앞으로 어떤 형태가 나올지 누구도 예측할 수 없다.

동시에 이를 창출할 수 있는 알고리즘을 만들 수 있다면 큰 수익도 가능하다. 중앙정부는 역으로 이에 대해 적극적으로 통제할 가능성이 높다. 가장 적극적인 통제는 법정화폐의 신뢰성을 잘 유지하는 것이다.

Revival Financial Tech

제 4 장

부동산, 떨어질 때
리바이벌을 대비하라

집값은 금리의 5배로 하락한다

모두가 거품이라고 말했다. 부동산 가격이 너무 올랐다고 이야기했다. 그럼에도 불구하고 무주택자는 가격이 더 오를 것 같은 불안감에 휩싸여 아파트를 구매하면서 영끌족이란 타이틀을 달았다. 주택을 갖고 있는 사람은 더 오를 것 같은 기대에 팔지 않았다가 현재 망연자실 떨어지는 주택 가격 그래프를 보고 있다. 팔고 싶어도 팔 수 없는 경우도 많았다. 1가구 1주택자는 가격이 오르든 내리든 그 아파트에 살고 있기 때문이다.

승자는 아마도 똘똘한 한 채를 양도세 한 푼 내지 않고 높은 가격에 팔아서 지금은 주택 매매대금을 은행에 넣어놓고 있는 이들이 아닐까. 그들은 주택 가격이 바닥이라고 생각될 즈음 다시 강남에 나타날지도 모르겠다.

모두가 거품이라고 말할 때는 정말 부동산에 거품이 낀 것이다. 거품이 끼었다는 것은 가격이 균형값에서 너무 벗어났다는 뜻이다. 앞면만 너무 많이 나왔다. 이제 뒷면이 나오는 일을 피할 수 없다. 그럼에도 불구하고 사람들은 앞면만 계속 나올 것 같은 공포감에 사로잡힌다. 그러나 보이지 않는 손은 냉정하다. 결국 집값을 포함한 부동산 가격은 떨어지기 시작했다. 향후 전망도 썩 밝지만은 않다.

국토연구원에 따르면 금리가 1퍼센트포인트 상승 시 15개월 후 아파트 매매 가격은 최대 5.2퍼센트 하락하는 것으로 나타났다.

2022년 기준금리가 3퍼센트포인트 넘게 올랐다. 2023년 아파트 가격이 15퍼센트 정도 더 떨어질 가능성이 높은 셈이다. 기준금리를 더 올린다면 가격은 더 내려갈 수도 있다.

가격은 떨어지는데 공급은 늘어난다. 사실 가격이 떨어지는 상황에서 주택 공급은 줄어야 시장 원리에 맞다. 그러나 현 정부는 5년간 전국에 270만 호의 주택을 공급한다고 발표했다. 노태우 정부의 200만 호를 뛰어넘는 역대 정부 최다 물량이다. 지역별로 수도권은 158만 호, 지방은 112만 호다. 유형별로는 민간 자체 추진 사업 130만 호, 공공택지 88만 호, 정비 사업 52만 호다. 내 집 마련 실수요자들은 기존 주택보다 신규 분양 시장에 더 집중할 가능성이 높다. 헌집보다 새집이 낫기 때문이다. 기존 주택 가격은 하락 압력이 커질 가능성이 높다.

가격이 떨어진다고 공급량 확대를 반대할 명분도 없다. 사실 지난 부동산 거품을 만든 절대적 요인은 금리다. 그러나 금리 때문에 부동산 가격이 오른다고 말했던 전직 국토부 장관은 여론의 뭇매를 맞아야 했다. 공급을 늘려 가격을 잡을 생각을 해야지 남 탓만 하고 있다는 비난이 쏟아졌다.

여기에 결정적인 문제가 있다. 바로 인구 감소다. 향후 20년간 최소 90만 명 이상의 인구가 감소한다.

90만 명이면 웬만한 대도시에 맞먹는 규모다.
1가구에 2명씩 거주한다는 가정하에 최소 45만 채의 집이 필요 없게 된다.

그렇다고 아파트가 영원한 하락세를 이어갈 것이라는 비관적인 전망을 할 필요는 없다. 올라가면 떨어지듯이 떨어지면 다시 올라간다. 사실 우리나라의 부동산 시장도 생각보다 등락을 많이 겪었다. 1997년 금융위기 당시 한 번 크게 떨어졌고, 2008년 서브프라임 모기지 사태 때도 폭락했고, 다시 한 번 떨어지는 국면을 맞고 있다. 당연히 크게 떨어지는 만큼 오르는 때가 찾아온다. 금리가 하락하고 경기가 활성화하면 시중의 자금이 부동산으로 쏠릴 수도 있다. 시장의 변화를 관찰할 필요가 있다.

영원히 오르지 않듯
영원히 떨어지지는 않는다

현재 부동산 시장과 관련해서 가장 큰 고통을 받고 있는 사람들은 소위 말하는 영끌족이다. 주택 가격이 크게 상승한 시점에 매수했는데 가격이 떨어져 손해를 봤다는 것 이외에도 매달 적지 않은 금액의 이자를 내야 하는 상황이다. 실제 5억 원을 빌려서 10억 원짜리 아파트를 산 사람은 매달 이자로만 250만 원 넘게 낸다. 원금까지 30년 분할로 내고 있다면 생활비가 부족한 지경에 이른다.

그렇다고 집을 팔 수 있는 상황도 아니다. 매수자도 없고 매매하더라도 수중에 남는 돈이 1억 원이 채 되지 않는다. 그 돈으로 어디 가서 새롭게 살 집을 마련하기란 불가능하다.

대부분의 영끌족이 20대와 30대라고 한다. 사회 경험이 부족한 상황에서 급한 마음에 주택을 매수하는 실수를 범했다. 2008년 이후 사회생활을 시작한 사람들이 대다수일 텐데, 저금리와 더불어 집값이 저점에서 올라가는 것만을 봐왔던 탓에 그 상황이 영원히 지속될지 모른다는 불안감이 높았을 가능성이 있다.

세상에 공짜는 없다. 뭔가 공짜로 얻는 순간 그걸 뱉어내야 할 에너지가 시간 속에 쌓인다. 달콤한 상황에만 적용되는 말은 아니다. 내가 겪는 고통도 마찬가지다. 공짜로 겪는 고통은 없다. 기쁨이란 보상으로 돌아오게 되어 있다. 지금 겪는 고통이 시간 속에 반대 에너지를 쌓아가기 때문이다. 동전을 던졌을 때 앞면 또는 뒷면이 나올 확률이 각각 50 대 50이듯이 내가 받는 고통만큼 같은 크기의 기쁨이 찾아온다. 이러한 자연의 순리를 이해하면 고통을 견디는 데 도움이 된다.

물론 고통이 끝나는 시간이 언제 찾아올지 누구도 알 수 없다. 그때까지 버텨야 한다. 불필요한 희망 고문을 할 필요 없다. 길게 봐야 한다. 집값이 오를 때까지 7~8년이 걸릴 수도 있다.

부동산 투자는 저금리로 대출받아 집을 사놓으면 알아서 올라가는 편한 방식의 재테크가 아니다. 그만큼 노력과 고통이 수반된다.

좋은 물건을 찾기 위해 발품을 팔아야 하는 한편 지금처럼 가격이 떨어지는 것을 두 눈으로 지켜볼 수밖에 없는 고통도 감수해야 한다.

고금리도 언젠가 떨어지게 되어 있다. 그것 역시 시간의 순리다. 생각보다 길 수도, 짧을 수도 있다. 2년이 될지 3년이 될지 누구도 정확히 알 수 없다. 2023년 금리가 크게 낮아질 가능성이 없다는 사실만은 확실해 보인다. 그러나 언젠가는 떨어진다. 금리만 떨어져도 지금보다 버티기 쉽다. 아울러 가격 회복에 대한 기대도 조금씩 해볼 수 있다.

바닥을 확인하면서 준비하라

부동산 가격이 하락할 때는 급매물을 중심으로 거래가 이뤄진다. 급하게 팔 이유가 없다면 가격이 떨어져도 그냥 버틴다. 100명 가운데 99명은 버티고, 나머지 한 명은 견디지 못하고 물건을 내놓을 수도 있다.

아파트는 다양한 원인에 의해 급매물이 나온다. 은행이자를 내기 버거워서 포기하는 경우도 있고, 일시적 2가구 상태에서 급하게 한 채를 팔지 않으면 세금 폭탄을 맞을 것이 두려워 내놓기도 한다. 급매물이 소화되지 않으면 가격은 더 떨어진다.

전문가들이 말하는 바닥 확인 방법은 낮은 가격에서 거래량이 증가할 때다. 가격이 충분히 낮다고 판단한 사람들이 구입에 나서기 시작하는 때인 셈이다. 현금을 확보하고 있는 사람들을 중심으로 낮은 가격에 주택이나 상가 등을 구입하고자 하는 순간 급매물들이 소화된다. 이때도 바닥을 충분히 확인하고 구입에 나설 필요가 있다.

무엇보다 정보를 지속적으로 확보해야 한다.
어느 지역의 부동산 가격이 더 많이 떨어지고 있는지 정보를 모아야 한다.
그래야 바닥이 확인됐을 때 빠르게 움직일 수 있다.

　나비처럼 날다가 벌처럼 쏘는 것이다. 하지만 대출받아 집을 사는 것은 현재로서 권장할 방법이 아니다.

　조사를 통해 투자 대상지를 3~4배수로 좁혔다면 지속적으로 해당 지역의 가격과 매물을 모니터링한다. 네이버 부동산을 통해 가격을 확인할 수도 있지만 현지를 방문해서 지역 부동산중개사무소와 직접 안면을 트는 것도 좋다. 부동산중개사무소는 좋은 매물을 적극적으로 안내해줄 것이다. 이렇듯 좋은 부동산을 만나는 게 중요하다. 개중에는 좋지도 않은 물건을 무조건 사라고 강매하다시피 하는 경우도 있으니 잘 살펴야 한다.

　부동산은 사전에 철저히 준비하고 조사해야 한다. 그리고 매수 타이밍이라고 생각하면 빨리 행동에 나설 필요가 있다. 결과적으로 판단은 각자 해야 한다. 결정을 내릴 때까지는 신중하고, 결정하고 나서는 빠르게 행동하는 것이 최선의 부동산 투자 전략이다.

부동산 투자, 더 깊이 파고들어라

1970년대에는 은행금리가 8퍼센트였다. 1억 원을 은행에 넣어놓으면 800만 원이 나왔다. 물가도 그 정도 올랐다. 물가상승률만큼 이자를 준 셈이다. 그런데 일부 사람들은 그 돈으로 1억 원 전세를 끼고 2억 원짜리 아파트를 구매한다. 1년에 받을 수 있는 이자 800만 원을 포기하고 산 아파트는 1년 뒤 3억 원으로 오른다. 시세차익 1억 원을 얻는 셈이다. 어느 쪽이 더 큰 이득인지 누가 봐도 자명하다.

은행에서 대출받아 집을 사면 더 큰 수익을 올릴 수 있다. 아파트를 담보로 1억 원을 대출받고 1억 원에 전세를 주면 2억 원짜리 아파트를 구입할 수 있다. 지금은 1억 원의 대출이 있는 집에 1억 원 전세로 들어오는 사람이 없겠지만 모든 것이 엉성했던 1970~1980년대에는 가능했다. 그 집이 1년 뒤 3억 원이 되면 1년간 은행이자 700만 원을 내고 1억 원을 벌 수 있다.

아울러 세금을 피하기 위해 다운계약서 작성 등 다양한 방법이 동원된다. 2억 원에 팔았는데도 1억 2천만 원에 팔았다고 신고하는 것이다. 양도차익이 적은 만큼 판 사람은 양도세를 적게 내고, 산 사람은 취득세와 등록세를 적게 낸다. 그리고 그 돈은 '개똥이'라는 가명으로 통장을 개설해 넣어두면 내 돈인지 개똥이 돈인지 아무도 알 수 없다. 당시에는 신분 확인 없이 통장을 만들어주던 시대였다.

이런 식으로 집장사를 하는 이들을 당시에는 부동산 투기꾼이라고 해서 좋지 않은 시선으로 보기도 했다. 소수의 사람이 참여하는 은밀한 시장 같은 느낌이었다.

시세차익을 노린다는 점에서 부동산 투자의 기본 메커니즘은
그때나 지금이나 크게 다르지 않다.

그러나 지금은 투기 세력이라고 몰아세우지 않는다. 국민 대다수가 참여하고 있다고 해도 과언이 아니다. 저금리가 오랜 시간 지속되면서 저축으로 돈을 모으기가 힘들어졌다. 아울러 경제가 성숙 단계에 접어들면서 사업으로 성공하기도 쉽지 않다.

그에 따라 부동산 시장에서 돈을 벌어보고자 하는 사람들이 증가했다. 경쟁자가 촘촘하게 늘어섰다. 아울러 정부의 감시망도 과거와 비교되지 않을 정도로 정밀해졌다.

경쟁자는 늘고 감시가 심해졌다는 것은 과거만큼 수익을 얻기 쉽지 않다는 뜻이다. 그러나 여전히 당시처럼 큰돈을 쉽게 벌수 있는 재테크로 부동산 투자를 꼽는다. 과거에는 서울 아무 곳이나 땅을 사놓기만 하면 돈을 벌었으나 이제 자칫 돈이 묶일 수 있다. 부동산 가격이 올라도 팔리지 않으면 아무 소용 없다. 아파트는 그나마 거래가 활발하지만 빌라나 토지 그리고 상가는 그렇지 못한 경우도 많다.

따라서 철저하게 준비하지 않으면 수익이 나는 투자를 하지 못할 수 있다. 사실 부동산은 주식과 달리 이것저것 구입할 수 없다.

부동산은 모든 자산을 투자해도 딱 하나밖에 사기 힘들다.
따라서 신중을 기할 필요가 있다. 그만큼 철저히 준비해야 한다.

아울러 부동산 시장의 내면을 들여다보면 생각보다 복잡하게 얽혀 있다. 건물만 보고 투자 여부를 판단하다 낭패를 보는 상황에 직면할 수도 있다. 전 재산이 옴짝달싹하지 못하는 상황에서 수년간 고생할 가능성도 있다. 이 모든 위험을 최소화하기 위해 필요한 것은 철저한 준비다.

철저한 준비는 2가지 차원에서 이뤄져야 한다. 첫 번째는 좋은 상품을 찾는 일이다. 요즘은 케이블 경제방송 채널에서 부동산 물권 소개를 자주 해준다. 광고성이 짙긴 하지만 어쨌든 소개되는 지역의 현황을 알 수 있다. 무엇보다 중요한 것은 발품이다. 이곳저곳 돌아다니면서 어디가 좋은지 눈으로 확인할 필요가 있다.

두 번째는 수직적 준비다. 부동산을 깊이 파보는 일이다. 부동산은 사실 한 편의 종합예술과 같다. 결과물은 지어진 건물이지만 그 안에는 수많은 사람의 이해관계가 녹아 있다. 그 과정을 심도 깊게 이해할 필요가 있다. 상대를 알고 나를 알아야 투자에 성공할 가능성이 높다.

분양가에 숨어 있는 먹이사슬

부동산 투자에 앞서 건물이 지어지기까지 복잡한 사업 구조를 이해할 필요가 있다. 무대 뒤에서 어떤 일이 벌어지는지 알아야 무대에 선 배우들의 연기를 더 잘 이해할 수 있다.

아파트는 건설사 브랜드가 타이틀로 사용된다. 삼성 래미안, 현대 힐스테이트, SK 뷰 등의 이름이 아파트에 붙는다. 따라서 삼성이나 현대가 아파트를 건설한다고 생각한다. 반은 맞고 반은 틀리다. 이들 회사는 건설이 아닌 '공사'만 해준다. 그래서 시공사로 불린다. '건설' 가운데 '건'만 한다. '설'계자는 따로 존재한다.

바로 시행사로 불리는 부동산개발회사다. 대한민국을 떠들썩하게 했던 대장동 스캔들과 관련해 자주 등장했던 이름이 바로 화천대유란 회사였다. 이 회사가 바로 대장동 개발의 설계를 담당한 시행사였다.

시행사는 분양이 잘될 만한 지역을 고르는 일부터 시작한다. 마땅한 장소를 찾았다면 땅 구매에 나선다. 정부가 택지를 개발해 큼지막하게 떼어내 판매하는 곳은 일 처리가 수월하다. 반대로 땅 소유주가 여러 명이면 이들에게 전부 땅을 구매해야 한다. 별의별 사람이 다 있기에 사실 여간 힘든 일이 아니다. 때로는 토지주들 혹은 건물주들과 공동으로 개발하는 경우도 있다. 이익을 나눠야 하지만 토지 매입에 필요한 자금 부담은 그만큼 줄어든다.

　땅을 구입했다고 끝이 아니다. 더 중요한 일이 남아 있다. 바로 인허가다. 여기에 시행사의 성패가 달려 있다. 인허가를 받지 못하면 큰돈이 그냥 땅에 묶여버린다.

　돈이 많은 시행사는 본인 돈으로 땅을 사는 경우도 있지만, 은행에서 대출받는 경우가 대부분이다. 경매로 땅이 매각되면 본인들이 투자한 돈은 전부 허공으로 사라진다. 쪽박을 찰 수도 있다. 실제 이렇게 망하는 시행사도 상당히 많다. 따라서 온갖 로비를 해서라도 인허가를 받고자 하는 마음이 들 수밖에 없다. 그 약점을 잡아 이런저런 요구를 하는 공무원들도 분명 있다.

　천신만고 끝에 척박한 땅에 아파트를 지을 수 있는 허가를 받았다면 그 순간 땅값은 이미 뛰기 시작한다. 따라서 굳이 아파트를 짓지 않고, 땅만 팔아도 시행사는 큰돈을 벌 수 있다. 실제 화천대유는 허가받은 땅 일부를 다른 사람들에게 팔기도 했다.

인허가를 받은 땅에 시행사는 본인들의 돈으로 아파트를 짓지 않는다.

멋진 설계도를 그린 뒤 그 집에 살고 싶어 하는 사람,
그곳에 투자해 시세차익을 얻고자 하는 사람들을 모은다. 바로 분양이다.

시행사는 분양회사를 선정해 이와 관련한 업무를 일괄적으로 맡긴다. 사실 분양이란 일종의 영업이다. 복잡하고 번거로우면서도 나름의 전문성이 필요하다. 여기에 특화된 회사와 계약을 체결해 분양을 맡기고 대신 수수료를 지급한다. 대체로 분양가의 2~4퍼센트다.

10억 원짜리 부동산을 팔면 2천만~4천만 원의 수수료가 책정된다. 분양회사 직원들이 월급이 따로 없는데도 열심히 일하는 이유가 여기에 있다. 하나만 매매해도 웬만한 회사원의 연봉만큼 받는다. 모델하우스에 가면 고객과 상담해주는 사람들이 있다. 건설회사나 시행사가 아닌 분양대행사 소속인 경우가 대부분이다.

분양대행사 직원들은 건설 현장 주변의 부동산과 밀접한 관계를 맺기도 한다. 부동산중개사무소가 소개한 손님과 계약이 성사되면, 수수료를 사전에 정한 비율대로 부동산중개사무소와 나눈다. 부동산중개사무소는 분양대행사로부터 수수료를 받는 대신 분양하는 상가나 아파트 매수자에게는 전혀 수수료를 받지 않는다.

분양이 성공적으로 끝나면 계약금이 들어오고 시행사는 그 돈으로 삼성, LG 등 건설회사에 아파트 건설비를 주고 본격적인 공사를 시작한다. 건설사는 건설비에 맞춰 아파트를 짓는다. 돈을 적게 주면 천천히 짓고 빨리 주면 예정대로 짓는다. 중도금은 집단대출로 은행에서 받는데, 시행사 부담이 아닌 분양받은 사람들의 몫이다.

아파트를 다 짓고 나서 잔금을 받으면 시행사는 그 돈으로 땅을 살 때 받았던 대출을 갚고, 나머지는 본인들의 수익으로 챙긴다. 아파트 1천 세대를 시행한다고 했을 때 1채당 1천만 원씩만 남아도 100억 원이다. 대장동은 수천억 원의 수익금이 발생했다고 한다.

아파트가 번듯한 모양새로 지어지는 순간 건설사는 건설비를 벌고, 은행은 이자를 받고, 시행사는 짭짤한 수익을, 분양회사와 주변 부동산중개사무소는 분양수수료를 챙긴다.

이들 모두가 수익을 얻고 떠난 뒤 비로소
아파트나 상가를 구입한 사람들의 재테크가 시작된다.
결국 내가 분양받은 아파트는
건설 과정에 개입한 이들의 이익이 실현되고 난 뒤의 상품이다.

아파트를 짓는 사람들은 입지가 좋아 향후 시세차익을 노릴 수 있다고 소개한다. 그러나 분양가에는 이미 입지에 따른 프리미엄이 포함된 경우가 대부분이다. 내 몫을 친절하게 남겨두는 경우가 많지 않다. 이런 상황에서 과연 얼마의 수익을 낼 수 있는지를 구체적으로 따져보고 투자에 나서야 한다.

세금을 무시하면 아무것도 안 남는다

코로나19 직전인 2019년 영종도에 분양가 3억 5천만 원에 미분양 아파트가 있었다. 입주가 2년 반 뒤인 2022년 봄이었다. 그런데 코로나19가 터지고 금리가 떨어지면서 아파트 가격이 급등하자 미분양은 게 눈 감추듯이 사라졌다. 아울러 입주가 시작된 시점에 가격이 6억~7억 원 사이를 오갔다. 비슷한 평수의 주변 아파트도 마찬가지였다.

예전 같으면 분양가의 10퍼센트에 해당하는 계약금만 내고 입주하기 전 2배의 가격을 받고 팔아 3억 5천만 원을 벌 수 있었다. 단돈 3500만 원을 투자해 3억 5천만 원을 버는 10배 남기는 장사였다. 얼마나 대박인가. 계약금 3500만 원으로 미분양 아파트 10채를 계약했다면 3억 5천만 원을 투자해 30억 원 넘게 벌수도 있다. 인생 역전이 가능하다. 부동산 재테크에 사람들이 흥분하는 이유가 여기에 있다. 1970~1980년대에는 이 같은 방식의 투자를 통해 엄청난 돈을 번 사람들이 있었다.

당시의 관성과 생각이 부동산 시장에 여전히 남아 있는 경우가 많다.

그러나 대박을 눈앞에 두고 늘 걸리는 문제가 있다. 바로 세금이다.
과거와 달리 정부가 그물망을 촘촘하게 깔아놓았기 때문이다.

인천의 미분양 아파트도 마찬가지였다. 입주하지 않고 해당 아파트를 누군가에게 팔면 양도차익의 70퍼센트를 세금으로 내야 한다. 3억 5천만 원이 남더라도 세금을 떼고 나면 1억 원밖에 남지 않는다. 1억 원도 고스란히 내 수중에 떨어지는 것이 아니다.

부동산을 살 때는 취득세와 등록세를 내야 한다. 취득했으니 세금을 내고, 또 그것을 등기부등본에 등록해줄 테니 세금을 내라는 취지다. 세금과 부동산 중개수수료, 중도금 대출을 받으면서 냈던 이자를 지급하고 나면 고작 몇천만 원이 떨어질 뿐이다. 따라서 팔고 싶어도 팔 수가 없다. 3년 보유 기간이 지나야 정상적인 세율의 양도세를 내고 매각할 수 있다. 그때까지 기다려야 한다.

이후 집값은 지속적으로 하락하고 있다. 3년 뒤 고작 몇천만 원이 남을지 다시 집값이 올라 수억 원의 차익을 남길지, 혹은 분양가 밑으로 가격이 폭락할지 누구도 알 수 없다.

부동산 투자를 할 때 정말 중요하게 고려해야 할 사항이 세금이다. 남는 만큼 세금을 내면 그만이라는 생각은 상당히 위험하다. 언뜻 보기에는 수익이 나는 것 같아도 세금을 떼고 나면 남는 게 별로 없는 경우도 많다. 마음고생만 하고 돈은 은행과 국가가 벌어가는 일이 비일비재하다. 사기 전에는 크게 고려하지 않다가 막상 보유하고 매매할 때 늘 걸리는 것이 세금이다.

부동산은 특히 여러 종류의 세금이 곳곳에 숨어 있다. 정부의 이 같은 정책은 투기를 막기 위함이다. 부동산 투기 근절이라 쓰고, 세수 확대로 읽는다. 사실상 정부 입장에서는 꿩 먹고 알 먹기다.

국민들에게는 부동산 투기나 불로소득을 막기 위한 정책으로
세금 부과를 이야기한다. 세금을 내고 남는 게 없으면
부동산 투자를 할 이유가 없다.

그럼에도 불구하고 부동산 투자를 과감히 실행해서 수익을 낸 투자자에게는 세금을 걷으면 된다.

2021년 코로나로 인한 경기 침체에도 불구하고 세금이 무려 61조 원이나 더 걷혔다. 부동산 가격 상승으로 취등록세가 늘었을 뿐만 아니라 투기 근절을 위한 종합부동산세의 신설 및 단기 양도차익에 대해 높은 세금을 부과하면서 벌어진 일이다. 부동산 급등으로 누가 가장 돈을 많이 벌었냐고 물어본다면 '국가'라고 답한다. 부동산 투자 계획을 세울 때는 세금을 전부 내고 나서 얼마 남는지를 계산해야 한다.

양도세가 만든 똘똘한 한 채

주택 구입 단계에서 내는 세금이 취득세와 등록세다. 매매금액의 4퍼센트다. 여기에 지방교육세 등 0.6퍼센트가 추가로 붙어 매매가의 4.6퍼센트를 세금으로 낸다. 10억 원이면 4600만 원으로 적지 않은 돈이다. 보통 회사원의 연봉을 넘어선다.

다만 1주택자는 금액에 따라 최대 1퍼센트 가까이 낮춰주기도 한다. 예컨대 무주택자가 3억 원짜리 아파트를 구매할 경우 1퍼센트에서 조금 넘는 300여만 원을 내는 경우도 있다. 부동산 시장의 변동에 따라 탄력적으로 운영된다. 무주택자의 내 집 마련을 돕기 위해서다. 따라서 주택을 구입하기에 앞서 얼마의 세금을 내야 하는지 잘 따져봐야 한다.

주택을 보유하고 있는 동안에는 재산세와 종합부동산세를 낸다. 공시지가를 근거로 세금이 부과된다. 과거에는 공시지가가 실거래가보다 많이 낮았다. 그러나 지금은 실거래가 수준에 도달한 상태다. 따라서 보유세의 비중도 커지고 있다.

특히 종합부동산세는 부동산 투기를 막는 차원에서 만들어졌다. 내가 주택을 보유함으로써 종부세 대상이 되는지 잘 살펴봐야 한다. 아파트 가격이 급등하던 시절에는 종부세 기준이 상당히 엄격했는데, 가격이 떨어지는 시점에는 완화되는 추세다.

아울러 주택을 매매할 때는 양도소득세를 내야 한다.
양도소득세는 내가 산 금액보다 더 비싸게 팔았을 때만 부과된다.

싸게 팔았다면 양도세가 없다. 그런데 주택은 얼마를 남겼는지 관계없이 양도세를 면제해주는 경우가 있다. 1주택자가 거주 요건을 충족하면서 3년 이상 보유했을 때다. 통상 2년 정도 살면서 3년간 보유하면 양도세를 면제받을 수 있다.

1988년 목동의 아파트 분양가가 5천만 원이었다. 그 아파트의 가격이 10억 원이 넘어갔다. 20배 이상의 수익을 얻었다. 1주택자는 그 집을 팔더라도 단 한 푼의 양도세도 내지 않는다. 집을 팔아도 어차피 또 한 채 사야 하는데, 비싸게 팔아도 비슷한 시세로 새로운 거주 공간을 마련해야 한다는 논리 때문이다.

물론 방법이 없는 것은 아니다. 전세로 옮기거나 부동산 가격이 더 저렴한 지역으로 옮기고 나머지 돈을 은행에 넣어놓고 집값이 다시 떨어질 때까지 버틴다. 여러 번 이사해야 하는 고통은 감수해야 한다. 세금을 고려했을 때 가장 이득을 볼 수 있는 투자 방식이다.

똑똑한 한 채를 말하는 이유도 같은 맥락이다. 여러 채 가지고 있어봤자 세금과 은행이자를 내고 나면 남는 게 없으니 시세차익이 큰 한 채를 보유함으로써 매도할 때 세금 부담에서 자유로워지려는 것이다.

양도세 혜택을 보면서 시세차익을 얻기 위한 또 다른 방법으로
자주 동원되는 것이 일시적 2주택 보유이다.

이사를 위해 집을 새롭게 구입했는데, 기존 집이 팔리지 않는 경우 원치 않게 1가구 2주택 보유자가 될 수 있다. 피치 못할 사정 등에 따른 억울한 경우를 막기 위해 정부는 2년간(상황에 따라 3년이 되기도 한다) 일시적 2주택자로 간주해준다. 그사이 집을 팔면 1주택자와 마찬가지로 양도세를 면제받을 수 있다.

이 같은 제도가 때로는 부동산 시세차익을 얻기 위한 수단으로 활용되기도 한다. 부동산 가격 상승 국면에서 새롭게 집을 구입한 뒤 기존 주택은 매매하지 않고 더 오를 때까지 최대한 기다리는 것이다.

물론 기존의 집과 새로 거주하는 집 가격이 동시에 하락하면 복잡한 상황에 직면하게 된다. 가격이 오를 때까지 기다릴 수도 없다. 오르고 나서 팔아봤자 양도소득세라는 세금 폭탄이 떨어져 오히려 더 손해를 볼 수 있다. 이런 경우 때로는 급매물로 시세보다 저렴하게 파는 것이 이익이 되기도 한다.

상가의 세금엔 자비가 없다

상가에 투자할 때는 특히 세금을 꼼꼼히 따져봐야 한다. 주택과 달리 상가는 세금에 관한 한 어떤 자비도 없다. 법이 정한 그대로 내야 한다. 주택은 취득세와 등록세를 최대 1퍼센트 가까이 줄일 수도 있지만 상가는 단돈 1천만 원짜리를 사더라도 4.6퍼센트를 고스란히 내야 한다.

10억 원 상당의 상가를 구매할 경우 세금은 단 한 푼의 에누리도 없이 4600만 원 나온다. 1년간 받을 월세보다 취득세와 등록세가 더 많을 수 있다. 부동산 중개수수료도 자비가 없기는 마찬가지다. 상가는 법이 최대한도로 정한 매매가의 0.9퍼센트를 수수료로 받는 것이 관례다. 아파트나 주택은 금액이 낮으면 중개수수료도 법적으로 낮게 책정되어 있지만 상가는 그렇지 않다. 부동산중개사무소와 고객이 서로 협의해서 결정한다. 수수료를 적게 주겠다는 사람에게 정성을 다해 소개할 중개사무소는 없다. 대개의 경우 수수료를 제대로 줄 테니 그만큼 매수할 물건의 가격을 깎아보라는 제안을 한다.

따라서 10억 원짜리 상가를 구입할 때 세금 4600만 원과 중개 수수료 900만 원을 합쳐 10억 5500만 원을 생각해야 한다. 차후 10억 5500만 원 이상으로 매도해야 손해가 없다는 뜻이다.

보유하고 있는 동안 재산세, 종부세와 함께 내야 할 또 다른 세금이 있다. 바로 임대소득세다.

통상 사업해서 버는 소득은 비용을 공제해준다. 피자 가게 매출이 1년에 1억 원이라고 했을 때, 1억 원을 전부 소득으로 간주하고 세금을 부과하지 않는다. 가게를 운영하는 데 들어가는 돈을 전부 제외하고 남는 돈을 소득으로 간주한다.

그러나 임대소득은 다르다. 건물 수리비 등 아주 적은 금액의 공제를 제외한 전액에 대해 세금이 부과된다. 2010년 7억 원을 대출받아 10억 원가량 하는 상가를 구입한 사람이 있다. 월 임대료는 500만 원 정도 나왔다. 연 6퍼센트 수익률로 괜찮은 조건이었다. 대출이자 300만 원을 빼고 나면 200만 원이 남았다. 3억 원을 투자해 매달 200만 원을 버는 상당히 짭짤한 투자로 1년간 흐뭇하게 보냈다.

그런데 다음 해 5월 종합소득세 신고를 하면서 경악을 금치 못했다. 임대소득 6천만 원에 대해 세금이 2천만 원 가까이 나왔다. 은행이자를 비용 처리해달라고 요청했으나 임대소득에서 공제되는 항목은 없다는 답이 돌아왔다. 결과적으로 은행이자 3600만 원과 세금 2천만 원을 빼고 얻은 수입은 고작 400만 원이었다. 재산세마저 제하면 남는 게 없다. 더구나 최근 은행이자까지 급등했다.

이 같은 문제에 봉착해 임대소득을 축소해서 신고하는 사람들도 있다. 세금을 덜 내기야 하겠지만 탄로 나면 세금 폭탄이 날아온다. 텔레비전에 세금을 몇억 원씩 체납하는 이들이 등장한다. 그중에 임대소득을 축소 신고했다가 한꺼번에 부과된 사람들도 있다. 축소 신고하는 동안 마음이 불편할 수밖에 없다.

아울러 양도소득세도 시세차익에 따라 법이 정한 세율대로 내야 한다. 주택은 1가구 1주택이면 양도차익이 20억 원이라도 양도소득세를 한 푼도 내지 않는다. 그러나 상가는 법이 정한 세율 그대로 내야 한다. 양도차익 1억 원 이상에 대해서는 절반 정도 세금으로 나간다고 봐야 한다. 세금을 빼고 나면 실제로 얻는 양도차익은 절반에 그칠 가능성이 높다.

이렇듯 세금을 내고 나서 얼마가 남느냐를 따져보고 투자해야 한다. 그렇지 않으면 무대 앞에서는 수익이 나는 것처럼 보여도 무대 뒤에서 전부 털릴 가능성이 높다. 고생은 고생대로 하고, 돈은 은행과 국가가 버는 형국이다.

사람들이 관심 없는 곳에
시세차익이 있다

빌라는 전세가와 매매가의 차이가 상당히 적은 편이다. 예를 들어 매매가 2억 원에 전세가는 1억 8천만 원 정도인 빌라가 수두룩하다. 어떤 사람은 2억 원에 빌라를 구매해 2억 2천만 원에 전세를 주었다. 전세가가 매매가보다 비싸다. 남은 2천만 원으로 세금도 내고 부동산 중개수수료도 지불했을 것이다.

세입자가 매매가보다 비싸게 전세로 들어올 수 있는 이유는 전세보증금을 돌려받지 못할 경우 정부가 보증해주기 때문이다. 집주인이 보증금을 돌려주지 않더라도 나중에 보증기관으로부터 2억 2천만 원을 고스란히 받을 수 있다. 아마도 집주인이 이사비 지급 등 여러 가지 보너스를 주었거나, 세입자도 모든 걸 인지하고 들어왔을 가능성이 높다.

이 같은 갭투자를 통해 빌라를 1천여 채 사는 이유는 시세차익 때문이다. 일명 빌라왕이 주로 활동했던 무대가 서울 강서구이다. 김포공항을 끼고 있는 강서구는 최근 마곡지구가 개발되면서 핫플레이스가 됐다. 동시에 화곡동을 중심으로 빌라촌이 형성되어 있다. 마곡지구를 시작으로 이어진 인기가 화곡동까지 번질 수 있다는 계산이 가능하다.

빌라를 허물고 아파트를 짓는 재개발 바람까지 불면 빌라 가격이 급등할 수 있다. 과거 이명박 정부 시절 '뉴타운' 바람이 불었을 때도 비슷한 일이 벌어졌다. 2억 원이던 빌라가 3억 원이 된다고 했을 때 빌라 1천여 채를 갖고 있다면 1천억 원 넘게 남길 수 있다.

부동산 투자는 시세차익이라는 달콤한 유혹에서 시작된다.
잘만 하면 수억 원을 벌 수 있다.

1년간 열심히 일해도 연봉 4천만 원이 넘지 않는 월급쟁이들에게는 꿈같은 돈이다. 실제 1970년대에는 월급쟁이 남편보다 부동산 투자로 더 많은 돈을 번 주부들이 있었다.

따라서 시세차익을 얻을 수 있는 곳을 찾는 안목이 필요하다. 이와 관련해서 봐야 할 것이 개발 호재이다. 부동산을 팔고자 하는 사람들은 하나같이 개발 호재가 있다고 이야기한다. 낡은 아파트는 재개발을 강조하고, 새롭게 GTX가 들어오는 곳은 서울과 접근성을 강조한다.

사실상 어느 지역이나 개발 호재들이 넘쳐난다. 그걸 보면서 앞으로 우리나라가 참 좋아지겠다는 생각이 든다. 전국 방방곡곡에 개발 호재들이 넘치기 때문이다. 그 모든 것이 전부 개발되면 얼마나 좋은 나라가 되겠는가.

여기서 한 가지 염두에 두어야 할 것이 있다. 경제학에서 말하는 구성의 오류다. 야구장에서 나 혼자 일어서서 경기를 구경하면 남보다 더 넓은 시야를 확보할 수 있다. 그런데 내가 일어나면 뒤에 있는 사람도 따라서 일어난다. 그러다 결국 전부 일어나면 오히려 남보다 키가 작은 나는 앉았을 때보다 더 안 보인다. 이런 일이 우리 주변에 많다. 나 혼자 홍대역 앞에서 24시간 영업을 하면 밤에 손님들을 독차지할 수 있다. 그러나 주변 가게들이 모두 24시간 일하면 버는 돈은 별 차이 없고 몸만 더 힘들다.

개발 호재도 마찬가지다. 우리 동네만 개발된다면
내가 사는 곳으로 인구가 몰리고 부동산 가격이 오른다.

그런데 전국 모든 곳이 개발 호재로 좋아진다면 각자 자신의 동네에 그냥 머물러 산다.

한 가지 문제가 더 있다. 알짜 개발 호재는 이미 부동산 가격에 반영되었다는 점이다. 따라서 개발 호재가 있는 지역을 찾아

가서 정작 가격을 알아보면 저렴하지 않은 경우가 많다. 외지인에게는 터무니없이 높은 가격을 제시하기도 한다.

개발 호재를 바탕으로 시세차익을 원한다면 장기적인 접근이 필요하다. 개발 호재가 아직 뚜렷하지는 않지만 가능성이 있는 곳을 찾아 투자하는 것이다. 10년, 20년 뒤 개발 호재가 터져서 시세차익을 크게 얻을 수 있는 곳 말이다. 당연히 당장 필요하지 않는 여윳돈으로 투자해야 한다.

서울 근교에 저렴한 땅을 사놓은 사람이 있다. 서울은 어차피 팽창하게 되어 있고 결국 서울과 붙어 있는 근교의 땅이 개발될 수밖에 없다는 판단이었다. 당시에는 사람들이 언제 개발될지도 모르는 그곳에 투자하는 것을 의아해했다. 그러나 그는 후에 큰돈을 벌었다고 한다.

부동산 불패 신화,
앞으로도 계속될까?

과거에는 인구가 증가하고 경제도 성장했다. 더 많은 집, 더 높은 빌딩과 상가가 필요했다. 인구와 경제의 확장성이 부동산 시세차익을 만드는 근거가 됐다. 더 많은 집과 상가가 필요했고, 공급에 비해 수요가 많았다. 만성적으로 집 부족에 시달렸다. 이같은 시절이 지속될 것으로 생각됐다.

역시 경제학이 크게 기여했다. 영국의 경제학자 토머스 로버트 맬서스는 인구는 기하급수적으로 늘고, 식량은 산술급수적으로 늘어난다는 원칙을 증명했다. 식량 위기가 찾아올 수 있다는 경고등이 켜지면서, 농업 생산량을 늘릴 수 있는 다양한 방법이 연구됐다.

집도 마찬가지다. 집 부족도 심각한 문제가 될 수 있다는 인식이 강했다. 기하급수적으로 늘어나는 인구를 수용할 수 있는 주택이 필요하다는 생각이 힘을 얻었다. 부동산 가격이 올랐고, 부동산 불패 신화를 만드는 밑거름이 됐다.

그런데 이제는 인구가 계속 줄어들고 있다. 맬서스는 영원히 앞면만 나오는 세상에 대해 경고했으나, 결국 뒷면이 나오는 시절이 왔다.

그러면서 부동산 시세차익의 주요 근거였던

인구 증가 요인이 점차 사라지고 있다.

물론 인구는 줄어도 가구수가 늘어나니 집이 더 필요하다는 주장도 있다. 인구가 줄면서 가구가 늘어난다는 것은 결국 혼자 사는 사람이 증가한다는 뜻이다. 원룸 등의 수요가 늘 수는 있다. 이는 곧 여러 명이 사는 주택의 수요가 더 빨리 줄어들 수 있다는 뜻이다. 30평 넘는 넓은 아파트에 혼자 살 가능성은 그리 높지 않다.

그러나 언제 가격이 떨어질지는 누구도 알 수 없다. 동전의 앞면만 계속 나왔기에 이제는 뒷면이 나올 시간이 다가온 것은 맞다. 그러나 지금 당장 동전의 뒷면이 나온다는 보장은 어디에도 없다.

김현미 전 국토교통부 장관이 2017년 취임하면서 인구 감소와 현재 서울에 있는 아파트 숫자를 비교했을 때 더 이상 아파트 건설을 하지 않아도 가격은 떨어지게 되어 있다고 말했다. 그의 결정은 중요하다. 왜냐하면 아파트를 짓는 데 세금을 쏟아붓는 대신 다른 곳에 투자하겠다는 선언이기 때문이다. 토목공화국을 더 이상 방치하지 않겠다는 강력한 메시지였다. 그러나 보기 좋게 빗나갔다. 이후 저금리를 등에 업고 아파트 가격이 폭등했다.

대세 하락기에 접어들었다는 말은 맞다. 하지만 그는 순리에서 벗어난 행동을 했다. 지금 당장 동전의 뒷면이 나온다고 말했던 것이다.

인구학적으로 분명 부동산 가격이 떨어질 것이다.
높이 오른 만큼 내려가는 것이 순리다.

이 점을 분명히 염두에 두어야 한다. 그러나 당장 떨어질지 말지는 누구도 알 수 없다. 어떤 변수가 등장할지 모른다. 아울러 너무 많이 떨어지면 다시 반등할 수밖에 없다.

부동산 불패의 신화를 무조건 신봉하는 것도 경계해야 한다. 반면 대세 하락기라는 이유로 부동산 가격이 지속적으로 떨어진다는 생각도 위험하다. 떨어지더라도 상승하는 국면이 존재한다. 오를 때도 파동을 치며 오르듯이 떨어질 때도 마찬가지다.

금리가 떨어지면 부동산이 오를까?

지난 20년간 부동산 가격은 주로 금리에 의존해 상승했다. 1997년 IMF가 터지면서 부동산 가격이 크게 하락했다. 금리가 한때 20퍼센트를 넘은 때도 있었다. 초긴축 상황에서 부동산을 사는 사람은 드물었다. 은행에 1억 원을 넣어놓으면 매달 200만 원을 받기도 했던 시절이었다. 그런데 2000년 들어서 보란 듯이 부동산 가격이 올랐다. 미국의 앨런 그린스펀 FRB 의장이 공격적으로 금리 인하를 하면서 전 세계적으로 금리가 떨어졌다.

낮은 금리는 부동산 거품을 만들었다. 2008년 부동산 담보 대출의 하나인 서브프라임 모기지 사태가 벌어지면서 전 세계 부동산 가격은 다시 한 번 폭락했다. 이후 코로나19 사태가 터지면서 다시 각국이 돈을 풀자 부동산은 2018년경부터 또다시 급격히 올랐다. 실물경제를 살리려고 했던 것인데, 부동산 경기가 가장 큰 수혜를 입었다.

금리는 분명 다시 떨어진다. 떨어진 금리는 시중에 유동성을 확대시켜 부동산 가격을 자극할 가능성이 높다. 현재 부동산 시장에는 금리를 놓고 대치 전선이 형성된 느낌이다. 한쪽에는 금리가 떨어질 때까지 버티기에 들어간 기존 소유자가 있고, 반대편에는 부동산이 더 떨어지길 기다리는 예비 투자자들이 있다.

분양시장도 마찬가지다. 부동산 가격이 하락세이지만 오히려 분양가는 상승하고 있다. 지금 분양하는 아파트의 입주 시기는 2025년 이후다. 그때쯤이면 금리가 떨어져 부동산 경기가 회복될 시점이니 군이 분양가를 낮출 필요 없다는 판단이다. 그들의 생각대로 시장이 움직이면 당장은 미분양이 나도 완공될 즈음 모든 문제가 해결되어 있을지도 모른다.

그런데 세상은 늘 마음먹은 대로 움직이지 않는다. 금리가 떨어졌다고 부동산 가격이 오를 거라는 보장이 없다. 일본은 오랜 기간 제로금리가 유지되었지만 부동산 거품은 없었다. 1990년대 거품의 충격이 너무 컸던 탓이다. 기준금리를 내려도 부동산 가격이 오르지 않을 때 비로소 한국은행은 이자율을 낮출 수 있다. 그래야 물가 상승의 압력을 근원적으로 차단할 수 있다. 따라서 시장이 충분히 차가워질 때까지 높은 금리 수준이 지속될 가능성이 높다. 최악의 경우 금리를 내렸을 때 부동산이 들썩일 조짐을 보이면 다시 올릴 수도 있다.

수익형 부동산은
금리와 공실을 따져봐라

가장 이상적인 부동산 투자는 은행금리 이상의 임대소득을 올리다가 큰 시세차익을 보고 파는 것이다. 따라서 사람들은 수익형 부동산에 관심을 갖는다. 노후 대책으로 월 300만 원 정도 받을 수 있는 상가를 염두에 두기도 한다. 우리 주변에는 이런 70~80대 노인들이 많다. 젊은 시절 마련해놓은 상가나 건물로 노후에 돈 걱정을 덜하면서 살아간다.

이런 꿈을 꾸며 부동산 투자에 나서지만 수익률이 괜찮은 물건이 없다. 특히 저금리 시대를 거치면서 아파트뿐만 아니라 상가 분양가와 가격도 오른 상태다. 그나마 괜찮았던 오피스텔이나 원룸 등의 수익률도 현저히 떨어진 상황이다.

과거 금리가 낮았을 때 대개 수익형 부동산이나 상가는 3퍼센트 내외로 수익률이 구성됐다. 월세가 250만 원 나오면 10억 원 정도에 매매됐다.

여기에 낮은 금리를 바탕으로 갭투자까지 하면 수익률이 더 올라갔다. 예컨대 월세 60만 원 정도 받을 수 있는 오피스텔을 2억 원에 분양할 때, 분양대행사 직원은 대출받아 3채를 구입하면 수익률이 더 높다고 말한다. 투자금 2억 원에 대출 4억 원을 받아 3채를 구입하면 은행이자 60만 원을 빼고 120만 원 정도 남는다. 2채 가운데 1채에서 나오는 월세는 은행이자로 나가고 나머지 1채에서 나오는 60만 원은 투자자가 가져가는 구조를 만들 수 있다. 투자자는 귀가 솔깃해진다.

사실 분양대행사 직원은 3채를 팔면 수수료도 3배로 챙긴다. 누이 좋고 매부 좋은 일이다. 그런데 금리가 오르면서 상황이 바뀌었다. 은행이자가 한 달에 200만 원으로 불어났다. 월세를 받아도 남는 게 없다.

이자가 부담되면 싸게 처분해야 하는데, 사는 사람은 현재의 고금리 상태에서 은행이자보다 높은 최소 6퍼센트 수익을 보장받고 싶어 한다. 1억 2천만 원에 팔아야 6퍼센트 수익이 나온다. 2억 원이던 분양가에서 40퍼센트 정도 할인된 가격이다. 주인으로서는 쉽지 않은 결정이다.

아니면 월세를 올려야 한다. 월세를 100만 원쯤으로 올려 수익률을 6퍼센트에 맞춰야 한다. 그러면 임차인을 구하기 어려워 공실 위험이 높다. 따라서 택할 수 있는 것은 버티기다. 금리가 떨어질 때까지 버텨보는 것이다.

반면 예비 구매자는 현재 상황에서 수익형 부동산 투자보다 은행 예금이 더 큰 이득이다. 은행에 돈이 몰리는 이유다.

기준금리가 2~3퍼센트, 예금금리가 3~4퍼센트, 그리고 대출금리가 4~5퍼센트에서 안정될 수 있다는 전제하에 상가 투자에 나서는 것이 합리적이다. 인플레이션이 잡혔을 때 가장 가능성이 높은 금리 수준이다. 따라서 수익률이 5퍼센트 이상 나와야 각종 비용을 제외하고 은행 예금이자만큼 이익을 올릴 가능성이 높다.

아울러 수익형 부동산은 분양대행사에서 말하는

긍정적인 데이터가 아닌 주변 시세를 충분히 확인해야 한다.

분양상담사는 월세 100만 원은 받을 수 있다고 호언장담하지만, 막상 입주가 시작되면 그렇지 못한 경우가 대부분이다. 주변 시세를 따라갈 수밖에 없다.

수익형 부동산에는 또 다른 복병이 있다. 바로 공실이다. 상가는 한 번 장사하면 5~10년 계속하는 경우가 많아 덜하지만 오피스텔이나 원룸은 다르다. 세입자의 거주 기간이 1~2년인 경우가 상당히 많다. 새로운 임차인을 한두 달 구하지 못하면 수익률은 나빠지기 십상이다. 투자에 앞서 공실 위험성을 충분히 따져 볼 필요가 있다.

전세가 좋을까, 월세가 좋을까?

매매가 2억 4천만 원, 전세가 2억 원, 보증금 1천만 원에 월세 70만 원인 오피스텔이 있다. 저금리 시대에 사람들은 월세 대신 낮은 금리로 2억 원을 대출받아 전세를 들어가는 경우가 많았다. 2퍼센트로 2억 원을 대출받으면 한 달 이자가 32만 원 정도이니 월세보다 전세가 이득이다. 아파트도 다르지 않았다.

그런데 상황이 바뀌었다. 금리가 오르면서 대출이자가 5퍼센트를 넘어가고 있다. 2억 원을 대출받으면 한 달 이자가 80만 원 정도이니 오히려 월세를 택하는 것이 더 낫다. 따라서 최근에는 전세보다 월세로 입주하는 임차인이 많다고 한다.

주인 입장에서는 전세 세입자 구하기가 힘들다. 월세로 전환하려면 전세금을 돌려주어야 한다. 특히 거품이 한창일 때 높은 금액으로 전세를 놓은 경우 새로운 전세 세입자를 구하더라도 보증금을 한참 낮춰야 한다.

이런 상황에서 역월세가 생기기도 한다. 집주인이 높은 가격에 전세로 들어간 세입자에게 전세금을 낮추는 대신 매달 일정 금액의 이자를 주겠다고 제안하는 것이다. 전세보증금 일부를 돌려주기 위해 대출받는 것보다 역월세가 더 낫다는 계산이다.

그렇다면 앞으로 아파트나 오피스텔을 구할 때 전세가 좋을까, 월세가 좋을까. 돈이 있다면 여전히 전세가 낫다. 전세자금을 은행에 맡겨놓고 받을 수 있는 이자보다 매달 내야 할 월세가 더 높은 경우가 많기 때문이다.

특히 이자소득에는 15퍼센트가량 세금이 붙는다.

내가 받는 이자가 전부 내 손으로 들어오지 않는다.

아울러 종합소득세 신고도 해야 한다. 근로소득이 높으면 합쳐진 이자소득이 종합소득세율을 높여 추가적인 세금 부담이 발생할 수 있다.

반면 대출받아서 전세로 들어간다면 대출이자를 갚는 것보다 월세가 더 나을 가능성이 높다. 아울러 세제 혜택도 월세를 내는 경우가 더 유리하다. 2022년 기준 월세의 소득공제는 최대 750만 원인데, 전세는 한도가 400만 원이다. 따라서 월세가 덜 손해 보는 방법이다.

경매는 절대 성급하게 뛰어들지 마라

부동산을 시세보다 싸게 매입할 수 있는 대표적인 방법으로 경매가 있다. 전국의 법원경매장은 입찰이 있는 날만 되면 부동산 재테크를 위해 모여든 사람들로 인산인해를 이룬다. 법원 주차장이 마비될 정도다.

법원경매에 올라오는 부동산 물건은 매달 전국적으로 1만~1만 2천여 건 정도이다. 적지 않은 숫자다. 아파트, 다세대주택 등 주거용 건물이 절반 정도로 가장 많고, 그다음이 토지로 전체 물량의 40퍼센트 내외다. 나머지 10퍼센트는 상가와 오피스텔 등 상업시설이다. 그런데 경기 불황에는 아무래도 상업시설이 경매에 나오는 경우가 많다.

부동산 경매의 장점은 시세보다 싸게 매입할 수 있다는 것이다. 하지만 현실은 녹록지 않다. 앞서 구성의 오류를 이야기했다. 경매도 마찬가지다. 나 혼자 경매에 참가하면 이득을 볼 가능성이 크다. 그러나 참가자들이 많아서 경쟁이 치열해지면 내가 이득을 볼 가능성이 점차 희박해진다. 오히려 손해 볼 수도 있다. 입찰 현장의 과열된 분위기 탓에 시세보다 비싸게 낙찰받을 가능성이 높기 때문이다.

그래서 경매에는 승자의 저주라는 꼬리표가 따라다닌다. 분위기에 휩쓸려 생각했던 것보다 높은 가격에 낙찰받지만 오히려 손해 본다는 뜻이다. 이 같은 일이 벌어지면 때로는 계약금 성격의 입찰금을 포기해야 할 수도 있다. 비싼 수업료를 치르는 셈이다.

경매장에 들어가기 전에 미리 입찰서를 작성할 필요가 있다. 그래야 현장 분위기에 말려들어 당초 정했던 금액보다 올려 쓰거나, 실수로 '0'을 하나 더 붙여 10배 높은 가격에 낙찰받는 사고를 막을 수 있다. 낙찰받지 못하면 '인연이 아니다'라고 생각해 버리면 그만이다. 앞으로도 좋은 물건은 얼마든지 있다.

부동산 경매에서 권리분석만큼 중요한 것은 없다.

입찰에 앞서 부동산 등기부등본을 중심으로 토지대장, 건축물 관리대장, 주민등록등본 등을 통해 권리상의 하자 관계, 낙찰자 (투자자)가 인수해야 할 권리의 유무, 대항력 있는 선순위 임차인의 유무 등을 조사해야 한다.

백문이 불여일견이다. 아무리 권리분석을 열심히 하고 사전에 시장성을 조사했어도 한 번 가서 보는 것만 못하다. 권리분석과 함께 반드시 현장 답사를 통한 유치권의 존재 여부 등을 확인해야 예상치 못한 손해를 미연에 방지할 수 있다. 소위 임장(현장을 둘러봄)을 생략하면 낙찰받더라도 예기치 못한 사고에 발등이 찍힐 수 있다.

권리분석이 출발점이라면

종착점은 임차인 등 점유자에 대한 명도다.

명도란 낙찰받은 부동산을 점유하고 있는 사람을 내보내는 일이다. 여기에는 인도명령과 강제집행이라는 2가지 방법이 있다.

인도명령은 낙찰자가 잔금을 납부한 후 6개월 내에 채무자나 임차인 등 부동산 점유자에 대해 신청하는 명도 절차를 말한다. 인도명령이 내려졌는데도 상대방(점유자)이 거부할 경우 낙찰자는 법원에 강제집행을 신청할 수 있다.

하지만 인도명령과 강제집행까지 가기보다 점유자와 원만한 타협을 통해 명도에 합의하는 것이 유리하다. 낙찰자는 점유자에게 통상적인 이사 비용을 제공하되 강제집행 시 소요되는 비용의 범위 내에서 해결하는 것이 좋다. 부동산 경매 투자에서 유종의 미가 원활한 명도에 달려 있다.

한 가지 더 첨언하자면 감정 가격을 믿으면 안 된다는 것이다. 법원경매는 채권자의 경매 신청에 따른 입찰에 앞서 대상 부동산의 적정 가격 산정을 감정평가 업체에 의뢰한다. 이때 경매 사건이 접수되고 입찰이 시작되기까지 짧게는 6개월에서 길게는 1년 정도 소요된다. 문제는 감정평가 시점과 입찰 시점의 시간 차로 인해 시세 변동 가능성이 크다는 점이다.

따라서 가격이 조금 높다고 판단되면 1회든 2회든 유찰을 기다려볼 필요가 있다. 유찰 없이 낙찰자가 나왔다면 내 복이 아니라고 생각하면 그만이다.

재건축 규제 완화를 눈여겨봐라

정부의 부동산 정책은 가격이 오르면 규제를 강화하고 떨어지면 규제를 완화하는 방향으로 진행된다. 지금이 그런 시점이다. 부동산 가격이 떨어지는 상황에서 규제를 조금씩 푼다. 규제가 완화되더라도 가격에 영향을 거의 미치지 못하기 때문이다. 하지만 남들이 관심을 갖지 않을 때 오히려 기회가 있다. 에너지를 축적하듯이 지금부터 재건축에 관심을 가져보자.

정부는 최근 재건축을 통한 주택 공급에 걸림돌로 작용했던 재건축 초과이익 환수제(재초환)를 대폭 완화하기로 했다. 활황기에 이 같은 조치가 나왔다면 불난 집에 기름 붓는 격이 될 수 있다. 그러나 지금은 그렇지 않다.

재건축 초과이익 환수제는 재건축 과정에서 생기는 이득을 정부가 환수한다는 뜻이다. 재건축이 이득이 되는 이유는 현재 살고 있는 가구수보다 더 많은 가구를 지을 수 있기 때문이다. 현재 100가구가 살고 있는데 200가구를 새로 지으면 100가구가 남는다. 여기서 건축비를 뽑고도 남는 금액이 재건축 초과이익이다. 이 같은 초과이익 가능성을 재건축에 참여하는 세대에 미리 부과하는데, 이에 대한 완화가 이뤄졌다.

2018년부터 부담금 예정액이 통지된 전국 재건축 단지 84곳 중 38곳은 부담금이 면제되고 가구당 부담금이 1억 원을 넘는 단지도 현재 19곳에서 5곳으로 줄어든다.

재건축은 부동산 시장을 들었다 놨다 하는 이슈여서 섣불리 규제 완화 카드를 꺼내기 어렵다. 하지만 지금처럼 부동산 시장이 거래 빙하기에 접어들어 집값 경착륙이 우려스러운 단계에서는 다르다.

아파트 지을 땅이 부족한 서울과 수도권에서는 재건축 규제 완화가
도심 주택 공급을 늘릴 가장 유용한 방안이기 때문이다.

정부 입장에서도 부동산 가격을 자극하지 않으면서 도심의 주택 공급을 늘릴 수 있는 방안에 관심을 가질 수밖에 없다. 그리고 다시 부동산 가격이 오르기 시작하면 이 같은 재건축 규제 완화가 해당 지역의 집값 상승에 영향을 미칠 수 있다.

토지 투자는 장기적으로 바라보자

금융계에 금이 있다면 부동산계에는 토지가 있다. 토지는 금과 마찬가지로 확장성이 제한되어 있다. 넓히고 싶어도 그럴 수가 없다. 땅은 아울러 마음의 안정감을 제공한다. 건물과 아파트는 시간이 지나면 낡고 허름해지지만 땅은 그렇지 않다. 언제나 그대로다. 영원히 변치 않는 금처럼 안정적이다.

반면 재테크 수단으로서 토지는 치명적인 단점이 있다. 일단 수익률이 거의 제로에 가깝다. 임대를 주더라도 세금 내고 나면 남는 게 없다. 따라서 대출받아 투자할 수는 없다. 물론 단기 차익을 노리고 대출받아 살 수는 있지만 세금이란 거름종이가 결국 모든 것을 빨아들인다. 아울러 토지도 대출이 잘 안 되는 경우가 많다.

환금성이 낮다는 것도 단점이다. 아파트는 주거 공간이기 때문에 거래가 활발하다. 모든 것이 정형화되어 있어 가격을 맞추기 쉽다. 공장에서 찍어낸 상품과 같다. 그러나 땅은 다르다. 일단 거주 공간이 아니기 때문에 수요가 많지 않다.

아울러 모양도 다르고 주변 환경도 다르고 땅이 가지고 있는 성격과 용도도 제각각이다. 땅에 묶여 있는 규제도 전부 다르다. 따라서 정형화된 경우보다 거래가 쉽지 않다.

토지 투자는 가급적 여유 자금으로 하는 것이 좋다.
장기적으로 투자한다고 생각할 필요가 있다.

토지는 경매로 사는 것도 방법이다. 경매 물건의 절반 가까이가 토지인 경우가 많다. 그러나 반드시 임장을 통해 해당 토지를 직접 보고 확인해야 한다. 특히 땅은 법원이나 사설 업체가 제공하는 정보만으로는 위치나 주변 환경을 파악하기 쉽지 않다.

토지에 대한 재테크는 시세차익을 노리고 투자하는 경우가 대부분이다. 예컨대 농지가 아파트 부지로 개발되면 몇십 배 몇백 배의 수익이 발생할 수도 있다. 그러나 로또 당첨에 가깝다. 가능성이 높지 않기에 장기적으로 봐야 한다. 설령 안 되더라도 어쩔 수 없는 일이다.

Recover Financial Tech

제 5 장

속절없는 주식,
장기적으로 리커버하라

시중에 돈을 줄이면 주가는 떨어진다

주식시장이 약세장이 되면 투자자는 모든 것이 절망스럽다. 떨어진 주식을 손절매하거나 반 토막 난 주식을 붙들고 고통스러운 시간을 보내야 한다. 그러나 자연의 순리는 언제나 변함없다. 떨어지는 때가 있으면 다시 오르는 때도 있다.

결국 앞뒷면의 비율은 5 대 5가 된다. 떨어지는 폭과 상승하는 폭은 같아진다. 오르는 날이 분명히 온다. 그때까지 기다려야 한다. 더 떨어질 것 같은 공포감을 견뎌야 한다. 당장 앞면이 계속 나오더라도 같은 수의 뒷면이 나오게끔 되어 있다.

앞서 부동산을 설명하면서도 이야기했지만 재테크는 결과적으로 내가 감내하는 고통의 크기만큼 돈을 번다. 주가가 떨어지면 실시간으로 내 재산이 줄어든다. 6개월 전만 해도 1억 원이던 내 자산이 반 토막이 나면서 5천만 원이 돼버린다. 그 5천만 원이 다시 1억 원이 되기까지 1년이 걸릴 수도 있고 2년이 걸릴 수도 있다. 혹은 더 오래 걸릴 수 있다. 그 시간 동안 고통을 참고 기다려야 한다.

반면 5천만 원이 됐다고 팔아치우고 주식시장에서 떠나면 그냥 5천만 원을 잃는 것이다. 3천만 원쯤 됐을 때 다시 사겠다고 생각하면서 팔면, 잠시 후 언제 그랬냐는 듯이 주가는 다시 올라간다. 세상은 내가 생각한 대로 흐르지 않는다는 사실을 반드시 명심해야 한다. 시간에는 자유의지가 있기 때문이다. 이런 때일수록 정신을 바짝 차려야 한다.

과거의 투자를 반추해보면서 명확한 투자 철학을 세워야 한다.
그래야 혼란한 증시에서도 안정감을 갖고
향후 도래할 회복기를 준비할 수 있다.

마음이 흔들릴 때 혼란스러운 현실 이면의 보이지 않는 손을 읽을 줄 알아야 한다.

실제 2021년 하반기 각국 중앙은행이 슬슬 금리를 올리기 시작할 무렵 주식투자를 하는 분들에게 이제는 팔 때라고 말했다. 주식시장은 저금리와 양적 완화에 의한 유동성 장세였기에 중앙은행이 시중의 돈을 줄이면 주가는 떨어질 수밖에 없다. 당시 FRB보다 한국은행이 긴축을 먼저 시작했다. 그만큼 투자자들에게 시간을 미리 준 셈이다.

무엇보다 중요한 사실은 중앙은행이 금리를 올릴 수밖에 없는 보이지 않는 강력한 힘을 느꼈다는 것이었다. 경이롭고 무섭기까지 한 힘이었다. 월스트리트의 펀드매니저뿐만 아니라 FRB와 미국 정부는 결코 금리를 높게 올려 증시에 악영향을 미치길 원하지 않았을 것이다. 미국은 국민의 70퍼센트가 주식에 투자하고 있으며 전체 자산의 절반이 증시에 들어가 있다.

약세장이 되면 미국 국민의 70퍼센트가

보유한 자산의 절반에 손실이 발생한다.

이 같은 맥락에서 물가가 급등하더라도 금리를 내리지 않을 가능성도 조금은 있다고 생각했다. 국민적 저항이 심할 수 있기 때문이다. 물론 나중에 더 큰 폭풍에 휘말리게 된다. 북미가 남미와 비슷한 길을 걷게 된다.

그 상황에서 FRB와 미국 정부는 결국 냉정하게 판단했다. 온갖 비난을 감수하면서 금리를 올리기로 결정했다. 당장 삽으로 막지 않으면 나중에 물가 급등이란 저수지가 터졌을 때 포클레인으로도 막을 수 없다. 보이지 않는 손에 대한 항복 선언이나 다름없었다. 그 힘이 얼마나 센지 감지한 순간이었다. 중앙은행은 더 이상 시간에 쌓인 에너지를 이겨낼 수 없었다. 오른 만큼 떨어질 수밖에 없는 상황임을 받아들인 셈이다.

그리스 로마 신화에 등장하는 시시포스는 끊임없이 돌을 산 위로 굴려 올리는 형벌을 받았다. 그가 정상에 올라갈 즈음 돌은 다시 굴러떨어진다. 그는 아마도 정상에 돌을 올려놓음으로써 보란 듯이 신에게 본인의 힘을 과시하고 싶었을 것이다. 그러나 돌은 어김없이 굴러떨어진다.

주가 상승을 바라보면서 자연이 정한 규칙을 넘어 정상을 향해 끊임없이 전진하는 인간의 모습에 대견해하는 전문가들이 많았다. 하지만 허황된 생각일 뿐이었다. 시시포스처럼 다시 굴러떨어질 수밖에 없다. 이 같은 순리의 힘을 이해하고 받아들여야 한다. 무시하거나 싸워 이길 수 있다는 생각은 결국 부메랑이 되어 내 자산을 반 토막 내버린다.

출렁이는 주가에는 이유가 없다

FRB가 시장에 계속 현금을 투입할 것이라는 믿음에 근거해 증권시장이 부양되었던 게 사실이다. 실업률이 높아도 경기가 하락에 접어들어도 현금 주입으로 주식시장에 실탄이 공급됐다.

2020년 코로나19로 실업률이 증가하는 상황에서 S&P500과 다우존스 지수는 2020년 말 사상 최고치를 기록했다. 코로나19 대유행으로 경제가 얼어붙은 상황에서 그해 3월의 가파른 주가 하락을 회복한 원동력은 양적 완화였다.

주가가 실물경제를 반영하지 못하고 있었던 셈이다. 경기가 하강 국면에 접어들면서 주가도 어느 정도 떨어져야 했다. 그 순간 FRB는 강력한 양적 완화로 주가를 끌어올렸다. 실물경제 부양을 위한 정책이었으나 주식시장의 거품을 만드는 한편 저금리가 아니었다면 이미 문을 닫았을 소위 좀비 기업이 연명하는 수단으로 변했다.

이는 곧 현재 빼야 할 거품이 많다는 뜻이다. 해소해야 할 시간 속 반작용 에너지가 크다. 동시에 해소의 과정은 예측 가능하지 않다. 언제 회복될지 누구도 알 수 없다.

경제신문 국제부 기자 시절 야근하면서 했던 업무 가운데 하나가 우리 시간으로 12시 다 되어서 열리는 뉴욕 증시의 개장 시황을 정리해 신문에 넣는 일이었다. 예컨대 '뉴욕 증시가 하락세로 출발했다'고 적은 뒤 주가가 오르거나 떨어진 이유들에 그럴싸한 설명을 붙여야 했다.

CNN 방송이나 AP통신 등에 나온 월스트리트 전문가의 발언을 참고하는데 뭔가에 억지로 끼워 맞춘다는 느낌을 지울 수 없었다. 특정한 이유 때문에 주가가 오르고 내린다는 생각이 들지 않는 날이 많았다. 그럼에도 불구하고 이유를 갖다 붙였다.

근거를 반드시 갖다 대는 이유는 합리적인 과정을 통해 주가가 오르고 내린다는 생각 때문이다.

이성적 인과관계에 의해 주가가 오르내리지 않고
언제 떨어지고 언제 오를지 알 수 있는 근거가 전혀 없다면
주식투자는 사실상 도박에 가깝다.

주식시장이 받아들이기 굉장히 어려운 결론이다.

그러나 실상 주가의 움직임은 이런 측면이 존재한다. 증시 시스템을 설계한 사람은 주가가 설명 가능한 합리적 기준에 의해 움직인다고 생각하겠지만, 그 생각을 믿고 따랐다가는 피 같은 내 돈을 날릴 수 있다. 주가는 어떤 근거에 의해 분명히 올라야 하는데도 떨어지고 떨어져야 하는데 오르기도 한다.

예컨대 주가는 기업의 실적을 정확히 반영한다. 이것이 주식투자의 기본 전제다. 그러나 주가는 기업의 실적에 정확히 동행하지 않는다. 기업 가치보다 높게 움직일 때도 있고 더 낮을 때도 있다. 평균적으로 일치한다고 주장할 수는 있지만, 어느 순간도 기업의 실적과 일치하지 않는다는 이야기도 사실이다. 기업 가치가 매일 몇 퍼센트씩, 때론 수십 퍼센트씩 오르락내리락한다는 것은 사실 정상적이지 않다.

기업 가치와 일치하지 않은 채 출렁이는 주가를 보면 조증과 울증을 겪는 사람 같다. 미친 사람이 널뛰기하듯이 움직인다는 생각밖에 들지 않는다. 주식투자를 하고 분석할수록 그런 상황이 많이 나타난다. 왜냐하면 보이지 않는 손이 인간의 이성적 행위에 따라 작동하는 것이 아니기 때문이다. 오히려 인간의 결연한 의지 혹은 이성적 판단을 비웃는다. 보이지 않는 손의 행동 패턴까지 변수로 고려하여 분석하면 되지 않을까 생각할 수도 있다. 그러나 보이지 않는 손의 움직임을 예측하는 일도 불가능할 뿐만 아니라 때로는 결과에 대한 해석조차 어렵다. 보이지 않는 곳에서 벌어지는 일이기 때문이다.

주가 예측은 불가능하다는
전제하에 움직이자

주식투자자들은 결과를 예측하려고 한다. 내일 주가가 오를지 내릴지 말이다. 내일 주가가 오른다면 오늘 주식을 사면 된다. 내일 주가가 떨어진다면 오늘 팔고 장을 빠져나오면 된다. 땅 짚고 헤엄치듯이 쉽게 돈을 벌 수 있다. 내일 자 경제신문을 오늘 미리 볼 수만 있다면 금방 부자가 될 수 있다는 우스갯소리도 있다.

주가가 이성적이고 합리적으로 움직인다고 가정하면 어떤 법칙이 있다는 결론에 도달한다. 그것을 찾아내기 위해 엘리어트 파동 이론 등 수많은 분석 기법이 등장한다. 이 같은 이론을 맹신하고 투자했다가는 생돈 날리기 쉽다. 이유는 간단하다.

주가의 단기적 예측 자체가 불가능하기 때문이다. 동전을 던져 어떤 면이 나올지 모르는 것과 같다. 내일 주가가 오를지 내릴지는 고사하고 1시간 뒤에 어떻게 될지도 정확히 알기 어렵다. 오직 던져봐야 앞면인지 뒷면인지 알 수 있듯이 내일이 되어

봐야 알 수 있다. 잡힐 듯 잡히지 않는 신기루 같다. 오르거나 내리거나 둘 중 하나인데 그걸 맞히기 어렵다.

그나마 가장 확률이 좋은 방법은 한쪽으로 베팅하는 게 아닐까? 하락장에서는 무조건 '내린다'에 베팅하고 상승장에서는 '오른다'에 베팅한다. 그러면 55퍼센트의 승률을 달성할 수 있을지도 모른다.

당장 내일의 상승과 하락을 알 수 없는 이유는 보이지 않는 손에도 인간과 마찬가지로 자유의지가 있기 때문이다. 이것을 이해하고 받아들이는 것이 중요하다.

중국집에 앉아 있는 나에게 자장면과 짬뽕을 먹을 수 있는 기회가 있다. 둘 중 하나는 무조건 먹어야 한다. 식당에 있는 모든 사람들이 내가 지난주 내내 짬뽕을 먹었기 때문에 '오늘은 자장면을 먹는다'에 10만 원을 걸었고 그들이 틀리면 내가 돈을 가져갈 수 있다고 하자. 그 순간 나는 보란 듯이 짬뽕을 먹을 수 있다. 반대로 마음이 약해져 자장면을 먹을 수도 있다. 이것이 곧 나의 자유의지다.

시간에 쌓인 반작용도 마찬가지다. 앞면만 10번이 나와서 뒷면이 나올 에너지가 10개 쌓였다. 구경하던 사람들이 전부 뒷면에 돈을 건다. 그 순간 시간은 천연덕스럽게 다시 한 번 앞면을 내놓는다. 이것이 곧 시간의 자유의지다.

아인슈타인 이후 모든 물리학자는 동전을 던져 특정한 면이 나오게 할 수 있는 규칙이 없다고 말한다. '왜?'라고 물어보면 "그건 신에게 물어보라"고 답한다. 본인들은 알 수 없다는 뜻이다.

여기에 하나의 연역적 설명을 덧붙인 것이 바로 자유의지다. 나의 자유의지로 인해 내 행동에 예측 불가능성이 생기듯이 보이지 않는 손도 마찬가지다. 동전을 던지는 것은 내 손이지만 어떤 면이 나올지는 보이지 않는 손이 결정한다. 그러한 상황에서 결과를 예측하는 것은 불가능하다.

주식투자와 동전 던지기는 크게 다르지 않다. 둘 다 보이지 않는 손을 벗어날 수 없기 때문이다.

내일 주가가 오를지 내릴지를 알 수 있다고 생각하기보다

알 수 없다고 받아들이는 것이 손실을 줄이는 방법이다.

주식투자를 할 때는 해당 기업에 대한 분석과 더불어 주가를 예측할 수 있는 방법을 찾아 열심히 공부한다. 분명 주식 공부는 하지 않는 것보다 낫다. 그러나 예측 가능성을 높일 수 있다고 믿는 것은 상당히 위험하다. 세상이 내 뜻대로 움직이지 않기 때문이다. 매일 뉴스를 분석하고, 기업과 증권사가 발간하는 리포트를 읽는다고 내일의 주가를 예측할 수는 없다.

월스트리트에서는 수많은 수학자들이 주가 예측을 위한 공식을 만들어냈다. 주가 그래프 분석을 통해 상승 모멘텀을 찾을 수 있는 투자 기술들도 수없이 개발되어 있다. 이러한 분석 기술을 공부할 필요는 있지만 절대적으로 신뢰하면 낭패를 볼 가능성이 높다. 보이지 않는 손이 마음대로 주가를 변동시키기 때문이다. 그 흐름에는 어떤 규칙도 없다.

단기 예측에 목숨을 거는 것은 주식투자를 학창 시절 했던 홀짝 게임으로 생각하는 것과 같다. 이것을 받아들이고 시장에 참여해야 도박하듯이 주식투자를 하지 않게 된다.

주가 예측이 가능하다고 받아들이면 그것을 알려주는 사람에게 의지하게 된다. 예측을 잘한다고 하는 사람이 알려주는 종목에 투자하면 더 큰 낭패에 빠질 수 있다.

주식시장에는 물결이 넘친다. 늘 파도가 출렁인다. 매 순간 가격이 오르고 내림을 반복한다. 그 출렁임의 궁극적인 근원은 보이지 않는 손이고, 시간 속에 쌓인 에너지다. 그리고 보이지 않는 손은 자유의지가 있다. 내일 주가가 오를지 내릴지 누구도 모른다는 뜻이다. 나도 모르고 점쟁이도 모르고 신도 모른다.

하락할 때마다 조금씩 분산 매수하라

내가 자장면을 먹을지 짬뽕을 먹을지 누구도 모른다. 신도 알수 없다. 그러나 뭔가를 먹어야 한다는 것은 사실이다. 먹지 않고 살 수는 없기 때문이다. 무엇을 먹느냐는 자유의지로 가능하지만 먹지 않고 살 수는 없다.

이렇듯 보이지 않는 손의 자유의지가 넘어설 수 없는 한계가 있다. 모든 행위는 크기는 같고 방향이 반대인 반작용을 만든다는 자연의 근본 원리다. 보이지 않는 손이 뒷면만 계속 나오게 할 수는 없다. 시간에 쌓인 에너지는 결국 해소되어야 한다.

주식투자에 성공하기 위해서는 예측 불가능한 일에 돈을 걸기보다 예측 가능한 일에 걸어야 한다. 확실한 사실에 투자해야 한다. 불황이 닥치면 주가는 기업의 가치보다 더 낮은 수준으로 떨어진다. 동시에 같은 크기의 반작용 에너지가 시간 속에 축적된다. 언젠가 기업의 가치 이상으로 상승하는 국면이 온다. 이때 주식을 사야 한다. 그러나 사람들은 그 상황에서 정반대로 행동한다.

이 원칙에 따라 행동한 사람이 바로 워런 버핏이다. 그는 관심을 갖고 지켜보던 기업에 나쁜 뉴스가 터지고 주가가 하락하면 가능한 많은 주식을 매수했다. 시간이 지나면 기업 가치 이상으로 오르는 때가 온다는 사실을 알기 때문이다. 우량기업에서 이 같은 악재가 터져 주가가 하락했다면 그때가 바로 주식을 구입할 타이밍이다.

사실 2가지 경우 모두 회사의 경제적 가치와는 상관없는 주가의 움직임이다. 호재가 나오면 적정 가치 이상으로 뛰어오르고, 악재가 터지면 적정 가치 이하로 급락한다.

지금은 우량주이든 아니든 관계없이 가격이 대체로 균형점 이하로 형성되어 있다. 이때는 매수하는 것이 순리의 파도를 타면서 주식투자에 성공하는 길이다.

다만 당장 수익이 날 수는 없다. 내일 주가가 오를지 내릴지, 상승 국면이 언제 올지 누구도 알 수 없다. 따라서 가격이 하락할 때마다 조금씩 분할 매수하면서 주식을 사 모으는 것도 좋은 투자 방법이다. 기업 가치보다 떨어진 주가는 그 이상으로 오르는 때가 온다.

그런 점에서 주가는 저평가와 고평가로 구분된다. 저평가는 뒷면이고 고평가는 앞면이다. 기업에 대한 정확한 평가는 결과적으로 고평가와 저평가의 평균적 합이다.

나쁜 소식에 다른 사람들이 주식을 던질 때 반대로 사들일 필요가 있다. FRB가 시장의 예측보다 금리를 더 올려 곤두박질칠 때 사들인다. 반대로 좋은 뉴스에 사람들이 서로 사겠다고 몰려들 때 팔기 시작한다. 이 같은 투자 방식은 다른 사람들과 반대의 길을 가는 셈이다. 상당히 두렵고 고독할 수 있다. 보이지 않는 손을 이해하면 고독과 두려움을 줄일 수 있다.

지금은 비관적인 매수자가 되어라

베트남전쟁 당시 많은 미국 군인들이 포로로 잡혔다. 전쟁이 끝난 뒤 포로 교환 협상이 시작되자 잡혀 있던 미군 포로들은 곧 풀려날 것이라는 기대에 부풀었다. 특히 독립기념일이나 크리스마스 등 기념일을 앞둔 시점에는 전격적인 합의 발표가 있을 것이라는 소문이 파다했다. 사람들은 손꼽아 그날이 오기를 기다렸다. 그런데 막상 독립기념일이 되고 크리스마스가 와도 석방 소식은 들리지 않았다.

당시 포로수용소에 스톡데일이라는 장군이 있었다. 그는 이같은 풍문에 마음이 들떠 있는 부하들에게 엄격하고 준엄한 목소리로 "언제 나갈지 누구도 모른다. 당장 나갈 수는 없다"면서 희망을 꺾었다. 그러고는 "하지만 언젠가는 반드시 나간다"고 덧붙였다. 뜬소문에 마음이 흔들리지 말라는 뜻이었다.

포로 협상이란 것이 그리 간단한 문제가 아니다. 수용소에 있는 사람들이야 당장 내일이라도 나가고 싶은 마음이 굴뚝같지만, 협상하는 주체는 수용소 밖에 있는 사람들이다. 포로 석방을 위해 최선을 다하더라도 최적의 결과를 얻기 위한 협상 과정이 간단하지 않다. 따라서 언제 결과물이 나올지 모른다고 생각하는 것이 나을 수 있다.

동시에 베트남 정부도 무작정 포로들을 붙잡고 있을 수는 없다. 먹이고 재우고 관리하는 데 돈이 들어간다. 그렇다고 포로들을 죽일 수도 없다. 전쟁도 끝난 마당에 돌려보내는 수밖에 없다. 시간은 걸리겠지만 언젠가 풀어주게 되어 있다.

당장의 현실은 비관적이었지만 궁극적으로는 낙관한 스톡데일 장군의 포로들만 무탈하게 풀려났다. 나머지 부대의 포로들은 안타깝게도 희망 고문에 지쳐 쓰러졌다. 단기적으로는 비관적이지만 장기적으로 낙관적인 관점을 스톡데일 패러독스(역설)라고 한다.

모순되는 2가지가 한데 섞여 있는 것이 세상의 순리다. 당장 동전을 던질 때는 어느 면이 나올지 모르지만 1년간 반복됐을 때의 결과는 던져보지 않고도 알 수 있다.

불황에 주가가 떨어져 자산이 반 토막 난 사람은 이제나저제나 주가가 다시 반등하기를 기다린다. 석방을 기다리는 전쟁 포로와 같다. 주가가 조금만 반등해도 이제 곧 내가 산 가격 이상으로 회복할 날이 가까워졌다는 희망에 부푼다. 그런데 며칠 뒤

다시 주가가 떨어지며 지겨운 횡보를 이어간다. 그러다 지치고 지쳐 주식을 헐값에 팔아버리고 나면 주가가 오르기 시작한다. 몇 년이 지난 뒤 크게 오른 주가를 보면서 헐값에 판 주식에 대한 진한 아쉬움이 남는다.

주가는 당장 오르지 않는다. 내일 떨어질지 오를지 누구도 모른다.
언제 반등할지 아무도 알 수 없다.

약세장에서는 단기적으로 모든 것이 불확실하면서도 동시에 비관적이다. 그러나 언젠가는 오른다. 단기적으로는 비관적이지만 장기적으로는 낙관적일 필요가 있다. 이것이 곧 순리에 따른 투자다.

Recover Financial Tech

주식을 매수하고 나면 그냥 잊어라

안전하고 확실한 수익을 내려면 장기 투자를 해야 한다. 따라서 당장 수익이 나든 손해가 나든 무관심할 필요가 있다. 대세 상승의 시기에 분명 효자 노릇을 할 수 있다는 마음을 갖고 봄에 씨앗을 뿌리듯 약세장에서 저평가된 주식을 사서 모은다. 문제는 실천하기 쉽지 않다는 점이다.

처음에는 누구나 주가가 낮을 때 사서 가격이 충분히 오르면 파는 장기 투자에 나서겠다고 생각한다. 그러나 일단 투자를 시작하면 가랑비에 옷 젖듯이 조금씩 생각과 패턴이 바뀌어간다. 특히 요즘은 스마트폰으로 언제든 주식 시세를 확인할 수 있다. 휴대전화를 볼 때마다 무의식적으로 증권사 앱을 열고 시세를 본다. 주식 시세를 확인하느라 일을 제대로 하지 못하는 직장인들도 있다. 특히 투자한 기업의 주가 변동성이 커지기라도 하면 온 신경이 주식시장에 쏠린다.

소중한 내 돈이 들어가 있으니 당연한 일이다. 하지만 내가 신경 쓴다고 주가가 오르고 신경 안 쓴다고 떨어지는 것도 아니다. 들여다보고 있으면 시간은 잘 가지만 속이 탄다. 주식이 나의 정신 건강과 사회생활을 해친다.

그러다 주가가 너무 떨어지는 것 같으면 조바심이 생기기 시작한다. 또 오르기 시작하면 팔아서 시세차익을 남기고 싶은 유혹에 빠진다. 약간의 시세차익이 난 상태에서 떨어질 것 같은 기분이 들어 덜컥 주식을 팔아버리기도 한다. 다음 날 무심하게도 주가는 또다시 크게 오른다. 비록 돈은 벌었으나 잃은 것 같은 상실감에 빠진다.

결국 다음 날 또 오르지 않을까 하는 기대에 판 가격보다 더 비싸게 샀는데, 다음 날 주가는 속절없이 떨어진다. 결과적으로 초심을 잃고 매일 주식을 사고파는 일을 하면서 직장 생활이나 생계에 영향을 미치기 시작한다. 돈도 잃고 직장도 잃고 건강도 잃는다.

전문 투자가로 발 벗고 나설 게 아니라면 이 같은 유혹에서 벗어나기 위해서라도 주식시장과 떨어져 있을 필요가 있다. 매일 시세를 확인하고 싶은 유혹에서 벗어나야 한다. 특히 주가가 떨어졌다면 1년이든 2년이든 잊어버리고 있어야 한다. 그러다 주가가 사상 최고치를 경신했다는 뉴스로 도배되는 날 주식 가격을 확인해보면 큰 수익이 나 있다. 그 순간 미련 없이 팔아야 한다. 이럴 수 있는 사람이 진정한 고수이다.

그럴 수 없다면 결과적으로 단타매매를 하는 전문 투자가가 되거나 아니면 주식에서 손을 끊어야 한다. 나는 앞서 기술한 경로로 1년간 거의 매일 주식을 사고파는 단타매매에 빠져든 적이 있다. 결과적으로 손해만 보고 주식투자를 중단했다.

모든 사람들은 주식투자에 성공하는 법을 이미 알고 있다.
순리를 따르는 방법으로 장기 투자를 해야 한다.

정답은 알고 있지만 실행하지 못한다. 주식시장에 발을 들여놓기에 앞서 평정심을 유지하는 훈련을 해야 한다.

개인투자자의 가장 큰 장점은 장기 투자가 가능하다는 것이다. 동전 맞히기 게임에서 기관투자가를 이기기는 어렵다. 개인이 10번 가운데 4.5번을 맞힐 수 있다면 기관은 아마도 10번 가운데 5.5번은 맞힐 것이다.

더 많은 정보가 있고, 더 많이 고민하고, 더 많은 사람들이 다음번 동전 던지기에서 어떤 면이 나오는지 예측하기 위해 머리를 맞댄다. 개인은 모든 것을 혼자 해야 한다. 정보도 부족하고 투자 기법도 모자라다. 기관은 더 많은 자금을 가지고 집중적인 매수와 매도를 하여 시장의 흐름을 만들어가기도 한다. 그러나 개인투자자처럼 시간을 두고 기다리는 일은 불가능하다.

펀드는 로스컷이라는 장치가 있어 어느 이하로 손실이 나면 자동으로 매도한다. 설사 다시 오를 가능성이 높다고 하더라도 당장의 손실이 너무 크기 때문에 그냥 둘 수가 없다. 반면 여유 자금으로 주식을 산 개인투자자는 잊고 지내면 된다.

당장의 동전 던지기에서 앞면인지 뒷면인지 누구도 정확히 맞힐 수 없다. 거기에 승부를 걸지 않아도 된다. 지금 앞면이 많이 나오는 시간이라면 언젠가 뒷면이 많이 나오는 때가 온다. 그때까지 기다리면 된다.

지금은 안전한 투자가 답이다

처음에는 은행 예금보다 높은 수익률 정도를 목표로 주식투자에 나서는 경우가 많다. 은행이자가 5퍼센트라면 7~8퍼센트만 벌면 되는 것 아니냐는 가벼운 마음으로 시작한다. 하루 이틀만 잘 오르면 1억 원이 1억 700만 원 정도 되는 행운을 맛볼 수 있다. 그러면 주식을 팔고 나와야 한다. 이미 은행이자보다 더 높은 수익을 올렸기 때문이다. 700만 원은 필요한 데 쓰고 나머지 1억 원은 5퍼센트 정기예금에 넣어놓으면 연 10퍼센트 이상의 수익이 가능하다.

그런데 그 순간 욕심이 생긴다. 1억 원이 2억 원 되는 것도 어렵지 않다는 생각이 들기 시작한다. 신문에는 매일 '오늘의 상한가' 종목이 나온다. 그 상한가 종목 세 번만 잡으면 투자금의 2배 이상 벌 수 있다는 달콤한 상상에 빠져들기도 한다.

그 순간 목표 수익률은 무한대로 올라간다. 최대한 많이 벌어

대박을 내보자는 생각을 한다. 그러면서 결국 변동성이 큰 위험한 종목을 선택해 단기 투자에 나선다. 별다른 이유 없이 오르는 테마주나 작전주 등에 투자해 빨리 수익을 챙기고 나가겠다는 것이다. 이때 주식은 굉장히 위험한 투자가 되고 높은 수익률을 기대하는 만큼 원금 손실 가능성도 크다.

주식시장은 처음에는 벌게 해주다 결국 모든 걸 가져간다는 말이 있다.
작은 이익을 보는 순간 욕심이 생기면서 무리하기 때문이다.

우리나라 사람들은 성격이 굉장히 급하다. 그래서 오늘 1천만 원 투자해서 내일 1천만 원 버는 종목을 찾으려 한다. 수익을 2배로 챙겨주는 대신 손해도 2배인 곱버스에 신용 거래까지 추가해 투자에 나선다. 상한가 종목 하나만 잘 잡으면 정말 하루 이틀 사이에 2배를 벌 수도 있다. 그러나 1명이 번다면 99명은 잃는다. 나는 그 1명이 될 수 있다고 생각하지만 99명 가운데 하나일 뿐이다.

당장의 대박 유혹을 뿌리쳐야 한다. 그래야 정말 대박이 가능하다. 대박을 만들어주는 것은 결국 시간이다. 종목을 잘 골라 주가가 낮을 때 투자하면 2~3년 뒤 2배가 될 수 있다. 어쩌면 대박의 유혹에 빠지지 않아야 대박이 가능하다.

주식시장에서
호구가 되지 않으려면?

저금리 시절 은행에서 많이 팔았던 상품 가운데 하나가 ELS였다. 주가지수와 연동된 파생상품이다. 일본의 니케이 지수, 홍콩의 항생 지수, 미국의 다우존스 지수 등 국제 금융시장의 굵직굵직한 주가지수와 연계해 6개월간 10~20퍼센트 이상 빠지지 않으면 이자를 주는 상품이다.

예컨대 홍콩의 항생 지수, 일본의 니케이 지수와 연관된 ELS에 1억 원을 투자했고 6개월간 단 하루도 20퍼센트 이하로 떨어진 날이 없다면 3퍼센트의 배당 수익을 제공하는 형태로 구성된다. 하루라도 그 밑으로 떨어지는 날이 있으면 수익을 받을 수 없다. 6개월간 다시 기다려야 한다. 아울러 주가지수가 반 토막이 나면 투자 원금을 전혀 돌려받지 못하거나 반만 돌려주는 상품이다.

최근에는 그 기간이 4개월인 상품도 있는 등 더 다양한 형태로 변하고 있다. 아울러 개별 기업과 연계한 ELS도 있다. 예컨대 삼성전자 주식을 갖고 상품을 만든다. 상당히 복잡한 상품인데 결과적으로 계약 기간인 3년간 돈을 찾지 못할 수 있다. 아울러 주가가 반 토막 나면 투자금을 한 푼도 돌려받지 못할 가능성도 있다.

저금리 시절 은행에 예금하러 찾아오는 고객에게 은행 직원이 ELS 투자를 권하는 경우가 많았다. 은행 예금금리는 1퍼센트였는데, ELS는 3퍼센트를 보장했다. 낮은 예금금리로 인해 많은 사람들이 ELS 투자에 나서기도 했다.

당시는 주가가 오르는 시점이었다. 은행 직원은 원금 손실이 발생할 수 있는 위험 상품이긴 하지만 지금까지 한 번도 손실이 난 적이 없으며, 주가가 20퍼센트 빠지는 것은 IMF 같은 금융위기에나 있을 법한 일이라고 설명한다.

귀가 솔깃해진 고객은 상품에 가입한다. 이후 6개월간 문제없이 수익을 본 고객은 더 많은 돈을 넣는다. 그러다 주가가 폭락한다. 은행 예금에 넣어놓았으면 5퍼센트 이자를 받을 수 있는 자금이 속절없이 ELS에 묶여버린다. 일부 홍콩 항셍 지수와 연동된 상품은 주가가 50퍼센트 이하로 급락하면서 원금 손실이 발생했다고 한다.

사실 ELS는 적은 수익에 리스크가 큰 상품이다. 투자에서 리스크는 첫 번째 내 돈이 묶여 있느냐 아니냐이고, 두 번째는 원금을 잃을 수 있느냐 없느냐이다. 돈이 3년간 묶여 있다 전액을 잃을 가능성이 있다는 사실만으로 상당히 리스크가 큰 상품이다.

언뜻 보기에는 안전하지만 원금 전체를 잃을 가능성을 전혀 배제할 수 없다. 사실 파생상품이란 겉으로는 안전해 보이지만 일종의 사상누각이다. 누구도 건드리지 않으면 안전하다. 그런데 누군가 건드리는 순간 완전히 무너진다.

아울러 리스크가 높으면 그만큼 수익도 높아야 한다.
원금을 전부 잃을 가능성이 있다면 높은 수익을 보장받아야 한다.
그러나 고작 3퍼센트만 제공한다.

1억 원의 은행이자 1퍼센트면 100만 원이다. 3퍼센트면 300만 원이다. 비율로 따지면 3배 더 많지만, 금액으로 따지면 고작 200만 원이다. 1년에 200만 원을 더 받기 위해 피 같은 돈 1억 원을 위험에 빠뜨리는 일은 어리석은 짓이다. 차라리 200만 원을 벌지 않고 원금 1억 원에서 200만 원을 찾아 쓰는 것이 낫다.

높은 리스크에 적은 수익을 올리고 있다면 뒤에서 누군가는 낮은 리스크에 높은 수익을 올리고 있을 가능성이 높다. 작용 반작용의 원리상 위험이 높으면 수익도 높고, 위험이 낮으면 수익도 낮다. 높은 위험을 고객에게 떠넘겼다는 것은 누군가는 낮은 위험으로 고수익을 창출하고 있다는 뜻이다. 따라서 예금하러 찾아온 고객에게 ELS를 권했을 가능성이 높다.

홍콩 항생 지수가 50퍼센트 이하로 떨어지는 일이 발생하면서 여기에 물려 있던 ELS에 원금 손실이 발생했다. 결국 모든 것은 투자자의 책임이다. 은행이자보다 1~2퍼센트 더 받겠다고 거액을 투자했다가 원금 전액을 잃은 사람들도 있고, 3년간 찾지 못할 상황에 처한 사람들도 있다.

하이 리스크 하이 리턴, 더 많은 돈을 벌기 위해서는 더 많은 리스크를 감당해야 한다. 그런 점에서 주식투자는 전형적인 하이 리스크 하이 리턴이다. 내 돈을 전부 잃을 수도 있고, 2배 이상 수익을 올릴 수도 있다. 각자 감당해야 할 몫이다.

그러나 하이 리스크 로 리턴(high risk, low return)은 피해야 한다. 누군가 분명 로 리스크 하이 리턴을 누리고 있고, 결과적으로 적은 수익을 올리면서 높은 위험을 감수하는 투자이다. 은행이자보다 조금 더 준다고 해도 피해야 한다.

우상향의 착각을 만드는 주가지수

앞서 주가가 언제 오를지 알 수는 없지만 언젠가는 반드시 오른다고 말했다. 그러면서 장기 투자에 대해 이야기했다. 그런데 한 가지 놓치지 말아야 할 것이 있다. 주가는 궁극적으로 우상향한다는 믿음이다. 사실 장기 투자가 성공 가능한 이유는 우상향에 대한 믿음 때문이다. 실제 다우존스 지수와 S&P500 지수의 장기 추세 그래프는 우상향하는 모습을 보이고 있다. 우리나라의 주가 그래프도 크게 다르지 않다.

따라서 워런 버핏은 직장에 다니느라 바쁜 사람이 굳이 기업을 분석해 투자하는 수고를 할 필요 없이 S&P500 지수가 상승함에 따라 수익이 창출되는 인덱스펀드에 돈을 넣어놓고 생업에 집중하는 것이 가장 합리적인 투자 방법이라고 말한다. 다우존스 지수나 S&P500 지수는 궁극적으로 우상향하기 때문이다. 이보다 더 안전한 투자처는 없다.

주식투자 전략의 권위자인 제러미 시겔 교수는 역사적 분석을 해본 결과 지난 200년간 주식의 평균 수익률이 7퍼센트였다고 말한다. 1800년에 1달러를 투자했을 때 2000년에는 75만 5100달러가 되어 있는 것이다. 연평균 6.8퍼센트의 수익을 올린 셈이다.

그가 설계해서 설명하는 복잡한 수학 공식을 보통 사람들은 이해하기 쉽지 않다. 그러나 이 같은 대가의 말을 사람들은 당연한 사실로 받아들인다. 매년 7퍼센트의 평균 수익이 난다는데 주식투자를 하지 않을 이유가 없다. 사람들을 주식시장으로 끌어모으는 힘이 된다. 미국 시민의 70퍼센트가 주식투자를 하는 이유다.

물론 당장 우상향의 장기적 추세가 꺾일 가능성은 높지 않다.
특히 미국 증시의 지수들이 그렇다.

지수를 끊임없이 끌어올리고자 하는 월스트리트의 시시포스가 아직 강한 힘을 갖고 있기 때문이다. 그러나 영원히 오르는 일은 없다. 언젠가는 꺾이는 때가 온다.

오른 만큼 내려가야 할 시간이 찾아온다. 물론 당장 내일은 아니다. 지금 크게 떨어진 주가가 전고점을 돌파하면서 더 높은 곳을 향해 갈 수도 있다. 그러나 영원히 상승하는 것은 없다. 제때 내려오지 못하면 낭떠러지를 구를 수 있다.

주식시장에서 내 돈을 잃지 않고 정기예금 금리보다 높은 수익을 올리기 위해서는 이 사실을 냉정하게 이해해야 한다. 냉정한 판단을 흐리는 주요 환상 가운데 하나가 우상향에 대한 믿음이다.

우리나라는 미국의 지수만큼 우상향하지 않는다.
전문가들은 주식시장에 대한 신뢰가 부족하기 때문이라고 이야기한다.

우리나라는 미국의 투자자들만큼 주가지수의 우상향에 대한 믿음이 없다는 것이다. 이 같은 현실은 우리나라의 주가가 더 오를 가능성이 있다는 근거로 활용되기도 한다.

주당순이익비율(PER)은 1주의 가격과 그 회사가 올린 순이익을 비교한 수치다. 예컨대 주당순이익이 1만 원인 회사의 주가가 20만 원이라고 하자. 그러면 PER이 20배이다. PER이 높을수록 기업이 버는 돈에 비해 주식이 비싸게 거래되고 있다는 뜻이다. 주가가 등락하기 때문에 측정 시점에 따라 차이가 나지만 미국 증시에 상장된 기업은 PER이 우리나라 기업보다 2~3배 더 높을 때도 있다. 미국 증시에 상장된 기업의 PER이 20배라면 우리나라에 상장된 기업은 10배 정도. 이것을 근거로 우리나라 주식이 저평가되어 있다고 말한다. 하지만 미국의 주식이 고평가 되었다고 할 수도 있다.

일종의 인플레이션이다. 물가 상승은 단지 생필품에만 해당하는 것이 아니다. 주식에도 거품이 낄 수 있다. 저금리로 인한 유동성 장세가 지속되는 가운데 달러로 거래되는 뉴욕 증시에는 전 세계에서 더 많은 돈이 몰린다. 우리나라의 개인투자자도 이제 국내 증시가 아닌 미국 증시에 직접 투자할 수 있는 시대이다. 돈이 몰리면 당연히 가격이 오른다.

앞으로 빈익빈 부익부 현상이 더 커질 수 있다. 미국의 다우존스 지수나 S&P500 지수의 우상향이 더 강할수록 그곳으로 자금이 이동할 가능성이 높다. 그만큼 수익성이 크기 때문이다. 반면 다른 나라의 증시는 실탄 부족으로 상승 동력을 잃을 수 있다. 우상향에 대한 믿음이 신흥국 증시에서 먼저 무너질 수도 있다는 뜻이다. 따라서 이들 지수에 대해 보다 면밀한 공부가 필요하다.

우량기업은
우상향할 가능성이 높다

다우존스 지수는 1882년 1달러에서 지금 3만 달러 선까지 상
승했다. 언뜻 보면 주식 가격이 3만 배 오른 듯 보인다. 그러면
서 주가는 끊임없이 오른다는 환상을 만드는 대표적 아이콘으
로 자리 잡고 있다. 특히 미국 월스트리트의 유명한 투자가들은
우상향의 믿음을 확산시키는 데 굉장히 적극적이다.

다우존스 지수는 뉴욕 증시에서 거래되는 모든 종목의 시가를
평균한 값이 아니다. 우량주 30개를 선정해 평균 가격으로 산출
한 지수다. 간단히 설명해 A사의 주가가 30달러이고, B사의 주
가가 20달러, C사의 주가가 10달러라면 주가지수는 20달러가
된다. 물론 실제 구하는 방식은 더 복잡하지만 그것까지 이해하
기는 쉽지 않다. 이 정도만 이해하고 있어도 충분하다.

어쨌든 30개 우량기업의 시세 변화를 반영했기에 하락보다는
상승 가능성이 높다. 한 가지 트릭은 대표 선수가 늘 바뀐다는

점이다. 비실거리는 기업은 빼고 새롭게 떠오르는 기업을 집어넣는다. 성장하는 우량기업들로 물갈이되니 당연히 주가지수가 오를 수밖에 없다.

아울러 지속적으로 달러를 찍어내면 주식시장으로 돈이 들어오고, 더 안전한 투자처로 몰리게 되어 있다. 우량주로 돈이 몰리면서 주가지수도 따라 오른다. 우리나라는 변동 폭이 큰 중소형 주식을 대상으로 단타매매를 하는 개인이 많지만 미국은 펀드에 돈을 넣어놓는 경우가 많다. 그 돈은 주로 우량주에 투자된다.

산업이 처음 시작될 때는 여러 개의 작은 기업이 경쟁하지만 시간이 지날수록 시장 경쟁에서 승리하는 기업이 모든 걸 독점한다. 처음에는 다음, 야후코리아, 라이코스 등 여러 업체가 포털사이트로 경쟁했지만 결과적으로 네이버가 장악했다.

승자가 된 독점 기업은 망할 가능성이 적은 데다,
독점 이윤을 향유하기에 순이익률이 높다.

이것이 우량기업에 돈이 몰리는 또 다른 요인이다. 다우존스 지수 산출에는 이런 기업들만 포함된다.

다우존스 지수의 이 같은 문제 때문에 국제신용평가기관인 스탠더드앤드푸어스(S&P)는 1957년 S&P500이란 새로운 지수를 만들었다. 30개가 아닌 우량기업 500개를 지수 산정에 포함하면서 대표성을 확보하고자 했다. 아울러 주식 가격이 아닌 시가총액 방식으로 계산한다. 다우존스 지수는 주식 가격의 평균이다. 기업별로 주식을 많이 발행한 곳이 있고 적게 발행한 곳이 있는데 이는 크게 반영되지 않는다. 반면 S&P500 지수는 주식 가격에 발행주식 수를 곱해 산출한 시가총액을 기준으로 삼는다.

그런데 이 같은 시가총액 방식은 새로운 문제를 만들었다. 자본주의의 특징인 독점 심화이다. 시가총액 상위 기업의 비중이 갈수록 증가했다. S&P500 지수에 속한 애플, 마이크로소프트, 아마존, 구글, 메타버스 5개 기업의 시가총액 비중이 30퍼센트를 넘어선다. 우리나라도 크게 다르지 않다. 삼성전자 하나가 코스피 시가총액의 20퍼센트 내외를 차지한다. 상위 10개 기업이 차지하는 비중은 50퍼센트 정도다.

이렇듯 빈익빈 부익부 현상이 강해지면 주가지수가 상승해도 내가 산 기업의 주식은 오르지 않는 경험을 과거보다 자주 하게 된다.

**극단적으로 시가총액 상위 종목만 오르고
나머지가 다 떨어져도 주가지수는 상승할 수 있다.**

여기서 시가총액 상위 종목의 독점화 가능성을 더 심화할 수 있는 블랙홀이 만들어진다. 미국의 펀드 회사들은 시가총액 상위 기업의 주식을 비싸더라도 더 많이 사들일 가능성이 높다는 것이다. 이들 기업의 주가를 지속적으로 끌어올리면 시세차익도 얻을 뿐만 아니라 인덱스펀드 역시 높은 수익률을 거둘 수 있기 때문이다.

앞서 워런 버핏이 강조했듯이 우상향의 믿음하에 많은 미국인들이 인덱스펀드에 가입했다. 제로금리 정책이 실시되는 동안 인덱스펀드는 안정적인 수익을 올리는 매력적인 투자처였다.

인덱스펀드는 코스피 또는 S&P500 등 정해진 지수의 수익률과 유사한 수익을 실현할 수 있도록 운용되는 펀드이다. 주가지수의 수익률만큼 추구하는 마음 편한 상품이다. 시가총액이 잘 반영될 수 있는 종목으로 구성되어 있다. 시가총액에서 애플이 차지하는 비중이 높아지면 인덱스펀드에서 애플이 차지하는 비중도 높아진다.

펀드매니저들이 주가를 올릴 수 있는 한 가지 방법은

시가총액 상위 종목을 많이 사들이는 것이다.

그리스 로마 신화의 시시포스처럼 주가지수라는 돌을 더 높은 곳으로 끌어올리기 위해 사력을 다하고 있다.

다우존스 지수, S&P500 지수, 그리고 나스닥에 공동 편입되어 있는 동시에 시가총액 비중이 높은 기업이 바로 애플이다. 쉽게 말해 애플의 주가만 끌어올리면 미국의 다우존스 지수와 S&P500 지수, 그리고 나스닥 지수가 상승할 수 있다는 뜻이다. 애플의 주가를 끌어올려 주가지수가 오르면 이를 신호로 주식 시장에 더 많은 돈이 들어오는 구조도 만들 수 있다.

우리나라도 마찬가지다. 주가를 끌어올려야 하는 입장에서는 삼성전자를 집중 매집할 수밖에 없다. 삼성전자의 인기가 높은 이유가 여기에 있다. 이 같은 구조가 당장 무너지지는 않는다. 그러나 영원히 유지될 수 있는 시스템도 아니라는 점을 이해할 필요가 있다.

주가가 추세적 하락기에 접어드는 시점은 애플이 무너질 때가 될 수도 있다. 물론 당장은 아니다. 아울러 애플의 대타가 등장할 수도 있다. 다만 주가는 영원히 우상향한다는 월스트리트 투자 전문가들의 말을 100퍼센트 신뢰할 필요도 없다.

Restart Financial Tech

제 6 장

지금부터 다시 시작하는
재테크 10계명

리스크를 우습게 보지 마라

재테크는 새롭게 자산을 만들거나 기존 자산을 더 불리고 싶은 욕망에서 출발한다. 예컨대 열심히 일해서 모은 종잣돈을 더 크게 불려보고 싶은 것이다. 은행에 넣어두면 물가 상승으로 손해를 보니 재테크를 해야 한다는 말에 귀가 솔깃해진다. 더구나 노후도 걱정이다. 지금은 돈을 벌고 있지만 노후에는 저축한 돈만으로 살기에 불안하다. 이외에도 여러 이유로 인해 재테크에 나선다.

그런데 하다 보면 자꾸 욕심이 생겨서 무리하게 되어 있다. 1억 원의 여유 자금으로 오피스텔을 하나 사서 월세 수입을 얻고자 나섰던 분이 있다. 목 좋은 곳에 자리 잡은 오피스텔 분양 사무실을 찾아 가격을 알아보니, 직원이 1억 원이면 대출을 끼고 3채를 살 수 있다면서 갭투자를 권했다.

이야기를 들어보니 훨씬 높은 수익을 올릴 수 있는 길이었다.

1억 3천만 원의 분양가에서 9천만 원을 대출받고 3천만 원을 보태 1억 2천만 원을 만들고, 여기에 보증금 1천만 원에 70만 원의 월세를 받을 수 있다. 당시 금리가 2퍼센트대였기에 이자를 빼고 나면 50만 원이 남는다. 이렇게 3채에서 각각 50만 원이 남을 경우 150만 원을 벌 수 있다. 1채를 구입해 70만 원을 남기는 것보다 2배 더 많이 번다는 계산이 나온다. 나중에 팔았을 때 시세차익도 1채를 갖고 있을 때보다 3배 더 많다.

이 말에 귀가 솔깃해진 그는 덜컥 3채를 계약했다. 처음에는 남는 장사라고 생각했는데, 지금은 금리가 올라 이자를 내고 나면 오히려 손해라고 투덜거린다. 아울러 공실로 비어 있는 시간이 1년에 2개월 정도라고 한다. 그동안 은행이자와 관리비는 고스란히 집주인의 몫이다.

갭투자를 하는 이유는 욕심 때문이다. 이것을 절제해야 한다. 미래를 너무 낙관적으로 보면 안 된다. 늘 최악의 상황을 고려해야 한다. 세상이 내 뜻대로 움직이지 않는다는 사실을 망각하면 나중에 큰 낭패를 볼 수 있다.

투자 관련 서적이나 인터넷 카페, 방송 등에는 대박을 터뜨린 성공담이 나온다. 코인 거래에서 100만 원을 투자해 1만 퍼센트 수익을 실현해 1억 원을 벌었다는 이야기도 나온다. 그러면 숨어 있던 욕망이 솟아오른다. 나도 할 수 있을 것 같은 생각이 든다. 달콤한 유혹에 빠지는 순간 전 재산을 잃을 위험에 빠질 수 있다.

하루 2시간만 투자하면 월 1천만 원을 벌 수 있다고 광고하는 주식 전문가도 있다. 게임만 하면 돈을 벌 수 있다는 일종의 온라인 도박 사이트도 있다. 대체로 리스크는 없고 수익은 높다는 이야기인데, 듣다 보면 혹하기 쉽다.

세상에 리스크는 없고 수익은 큰 투자처는 없다. 설사 있다고 하더라도 누구도 나에게 알려주지 않는다. 역지사지(易地思之)를 해보면 답은 금방 나온다. 나 역시 리스크 없고 수익이 큰 투자처를 발견했다면 남들에게 이야기해주지 않을 것이다. 예컨대 우리 집 마당에 있는 거위가 황금알을 낳는다면, 그 사실을 누구에게도 말하지 않는다. 혼자 챙기고 만다. 달콤한 말에 혹하는 것은 내 마음에 욕심이 가득해 눈이 멀었기 때문이다.

불행한 부자가 되어서는 안 된다

제 2 계명

막연히 부자가 되고 싶다는 욕심에서 주식을 사고 부동산을 산다. 돈이 많을수록 더 행복할 것이라고 생각한다. 그러나 돈이 행복을 가져다주지 않는다. 행복하기 위해 부자가 되고 싶고, 부자가 되고 싶어 재테크한다는 말은 참이 아닐 가능성이 높다.

자연의 순리에 따라 돈이 많을수록 행복해지기 쉽지 않다. 돈이 많은 만큼 그것을 원점으로 돌리려고 하는, 즉 내 돈을 없애려고 하는 반작용 에너지가 크기 때문이다. 그것을 참고 견뎌야 한다. 이 같은 반작용 에너지의 하나가 주변의 질투이다. 사람들의 질투심은 부자라는 위치에서 끌어내리려는 보이지 않는 손이다. 주위의 부자를 질투하는 것은 자연스러운 현상이다. 불평등에 반대하는 가난한 자들의 시위는 정당하다. 그걸 참고 견뎌야 하는 숙명이 부자에게 있다.

물론 돈이 많으면 남들이 하지 못하는 것을 할 수 있다. 비싼 차를 사고 명품을 입을 수 있다. 그런데 명품과 좋은 차를 마구 사다 보면 결국 다시 가난해진다. 부유함을 향유하는 것 같지만 실상은 반작용 에너지의 강한 압력을 견디지 못하고 원래의 평범한 상태로 돌아가는 것이다.

아울러 가난한 사람은 쓸 돈이 없어서 괴롭지만 부자는 있음에도 쓸 수 없어서 괴롭다. 한 달에 1억 원을 버는 사람은 마음껏 산해진미를 즐기고 싶다. 그런데 그럴 수 없다. 돈이 없어 산해진미를 즐기지 못하는 사람은 의아할 수 있다. 이유는 간단하다. 인간이 하루에 먹을 수 있는 끼니는 제한되어 있다. 마음껏 먹었을 때 얻는 것은 비만과 알코올중독이다. 돈을 마음껏 향유하는 동전 앞면의 생활이 건강을 해치는 동전 뒷면의 반작용을 만든다.

소득 가운데 식료품비의 비중을 나타내는 것이 엥겔지수다. 소득이 높을수록 엥겔지수가 낮다. 돈이 있어도 먹는 데 많이 쓸 수 없다는 사실을 증명하는 지수다. 선진국의 엥겔지수가 낮은 것은 먹는 것보다 문화생활에 더 많은 돈을 쓰기 때문에 2배 더 행복하다는 것을 보여주는 수치라는 견해도 있다. 크게 동의하기 힘들다. 부자들의 소득 가운데 가장 많은 비중을 차지하는 것이 무엇인지 확인해보면 명품 구입비도 문화생활비도 아니다. 바로 저축이다.

통계청에 따르면 우리나라에서 소득 상위 20퍼센트에 속하는 가구의 저축 비율은 50퍼센트로 가장 높다. 쓰지 않고 쟁여놓는 돈이 절반이다. 한편으로 저축을 많이 하기에 부자가 됐다고도 할 수 있다. 다른 한편으로는 벌어도 쓸 수 있는 양에 한계가 있다는 말이기도 하다. 쓰지도 못하고 남는 돈이 50퍼센트다. 더 큰 아이러니는 그 나머지 돈을 쓰기 시작하면 가난해진다는 점이다.

돈이 없어 못 먹는 것보다 낫다고 생각할 수 있다. 물론 틀린 말은 아니다. 그러나 부자가 된다고 해서 괴로움이 없는 것도 아니고 산해진미를 마음껏 즐길 수 있는 것도 아니다. 부자들을 더 긍정적으로 바라보기 위해서가 아니다. 내가 부자가 되어야 하는 이유를 보다 명확히 하기 위해서다.

물론 돈이 많으면 더 안정적인 삶을 살 수 있다. 큰 위험이 닥쳐도 돈 때문에 전전긍긍할 일이 없는 것만으로 행복할 수 있다. 하지만 중요한 사실은 그 기쁨과 행복이 돈을 써서 얻는 것이 아니라는 점이다.

사업과 재테크로 돈을 많이 벌었지만 여전히 검소하게 사는 분이 있다. 그가 검소하게 사는 이유는 돈을 써봤자 어떤 기쁨도 못 느끼기 때문이라고 한다.

부자가 됐다고 해서 내가 누리던 소박한 기쁨을 포기할 필요 없다. 워런 버핏은 세계적인 부자이지만 그가 즐겨 먹는 점심 메뉴는 햄버거다. 돈 많은 부자가 단돈 만 원도 안 되는 햄버거를 좋아할까 싶다. 하지만 그는 자신이 정말 좋아하고 맛있는 햄버거를 먹는 기쁨을 포기하지 않는다. 부자가 됐다고 햄버거를 싸구려 음식이라며 외면하지 않는다.

돈을 벌면 소주 대신 와인이나 비싼 양주를 마셔야 한다고 생각한다. 그것이 더 큰 기쁨을 준다고 말이다. 하지만 스스로 돈의 노예가 되어가는 것이나 마찬가지다. 본래 느꼈던 기쁨을 포기하고 돈이 만들어낸 욕망에 빠져들 뿐이다.

돈을 벌고도 행복하게 사는 가장 좋은 방법은 부자이면서도 가난하게 사는 것이다. 돈이 많아도 그렇지 않은 것처럼 살아야 한다. 이것이야말로 시간에 쌓인 반작용을 해소하는 가장 좋은 방법이다. 돈은 그저 내 방 책장에 꽂힌 책처럼 은행 통장이나 주식 계좌에 남아 있는 하나의 사실로 받아들인다.

그 돈을 자랑할 필요도 없고, 그 돈으로 할 수 있는 수많은 일을 상상하거나 실천할 이유도 없다. 돈이 많지만 돈이 없는 것과 크게 다를 바 없는 삶을 살아야 한다. 누군가는 그럴 거면 왜 돈을 버느냐고 이야기한다. 그런데 옷도 허름하고 집도 허름한 부자들이 의외로 많다. 그것이 시간에 쌓인 반작용 에너지를 가장 잘 해소하는 길이다. 스스로 가난한 삶을 택하는 것은 부자라는 동전 앞면에 대해 가난한 삶이라는 동전 뒷면을 스스로 만드는 것이다. 그럴 때 오히려 삶의 균형을 잡아가기 쉽다.

예측은 틀릴 가능성이 무조건 50퍼센트다

제 3 계명

〈월스트리트저널〉에서 재미있는 게임을 했다. 원숭이와 펀드매니저, 아마추어 투자자가 10개월간 주식투자 수익률 게임을 한 것이다. 펀드매니저와 아마추어 투자자는 기술적 분석과 경험을 바탕으로 투자 대상을 선정한 반면, 원숭이는 다트를 던져 종목을 찍었다. 그런데 놀랍게도 게임의 승자는 원숭이였다. 모두 마이너스 수익률을 기록했지만, 원숭이가 다른 2명에 비해 손실률이 6분의 1밖에 되지 않았다.

사람들이 경제 전문가에게 가장 많이 묻는 질문은 미래에 대한 예측이다. 내일 주가가 오를지 안 오를지, 미국 경제는 언제쯤 회복될지, 금리가 언제 오를지 등을 전문가에게 묻는다. 이것은 다음번 동전 던지기에서 앞면이 나올지 뒷면이 나올지를 묻는 것과 같다. 전문가는 나보다 더 많이 알고 있으니 보통 사람들이 모르는 혜안을 보여줄 수 있다고 생각한다.

방송에 나오는 전문가들 가운데 내가 가장 신뢰하는 부류는 모른다고 답하는 사람들이다. 그러면 진행자는 당혹스러운 표정을 짓는다. 그것도 답을 못 하면서 왜 전문가라는 타이틀을 달고 그 자리에 앉아 있느냐는 표정을 짓는 시청자들도 많을 것이다.

그것을 피하는 방법은 전망을 하고 나서 살짝 빠져나갈 구멍을 만드는 것이다. 예컨대 "2023년 3분기부터 본격적인 회복세가 시작될 것으로 보입니다. 다만 갑작스런 변수가 튀어나올 수 있기에 상황은 언제든 변할 수 있습니다"라고 조건을 붙인다. 가장 현명하고 기회주의적인 답이다.

자신의 생각을 강하게 이야기하는 전문가도 있다. 앞으로 부동산 가격이 지금보다 40퍼센트 더 빠진다고 확신하거나, 반대로 2023년 하반기에는 반등할 것이라고 이야기한다. 이런저런 의견이 있다는 정도로 받아들이면 된다. 하지만 둘 중 하나를 택하는 사람들이 있다. 각자의 선택에 근거해 논쟁을 벌이기도 한다.

사실 반대되는 2가지 이야기 모두 근거 있는 말이다. 앞면이 10번 계속 나온 상태에서 한쪽 전문가는 다음번에도 앞면이 나온다고 이야기한다. 또 다른 전문가는 앞면이 10번 나왔으니 이번에는 뒷면이 나올 차례라고 이야기한다. 각자 자기의 논리를 가지고 이야기하지만, 사실 던져보기 전에는 누구도 모른다.

그 가운데 한쪽을 택해 베팅한다면 큰 낭패를 볼 수 있다. 그럼에도 오히려 전문가의 이야기를 더 귀담아듣는다. 전망을 알고 싶어서다. 미래를 예측할 수 있다면 재테크는 반쯤 성공한 것과 다를 바 없다.

다시 한 번 강조하지만 미래를 맞히는 것은 동전을 던져 앞면이 나올지 뒷면이 나올지 맞히는 것과 같다. 천재 물리학자도 할 수 없는 일이다. 우연히 맞힐 수는 있다. 어차피 50 대 50 확률이니 말이다. 하지만 예측을 기 막히게 잘하는 사람을 만났다고 흥분할 필요 없다. 그러면 다음번 투자에서 더 큰 낭패를 볼 수 있다.

재테크에 관해서는 수많은 사람들이 수많은 방법을 이야기한다. 누군가는 부자들의 생활 패턴을 연구해서 그들이 갖고 있는 공통점을 찾아낸 다음 그대로 따라 하면 성공할 수 있다고 이야기한다. 과연 그게 가능할까 곰곰이 생각해봐야 한다. 그리고 어느 하나에 절대 매몰되어서는 안 된다. 늘 열린 마음을 가지고 바라봐야 한다.

열린 마음을 가지고 바라본다는 것은 앞면을 보면서도 뒷면을 염두에 둔다는 것이다. 그리고 그 열린 마음은 고집을 버리는 일이다. 분명한 자기 철학은 필요하지만 고집을 부리지 않는 것이 순리를 따르는 길이다.

아는 만큼만 투자하라

제 4 계명

재테크를 시작할 때 가장 먼저 접하는 사람들이 상품 판매자들이다. 부동산을 사기 위해서는 분양사무실이나 부동산중개사무소를 가야 한다. 주식을 포함해 금융상품에 투자하기 위해 은행이나 증권회사의 투자상담사와 상담하기도 한다. 보험에 가입하기 위해서는 보험설계사와 이야기해야 한다.

나에게 많은 정보를 제공하는 사람들의 이야기를 들어야 한다. 부동산을 구매하려면 부동산중개사무소를 가야 하고, 금융상품을 구매하려면 은행에 가야 하고, 주식을 사려면 증권사에 가서 이야기를 들어봐야 한다.

그들은 돈 한 푼 받지 않고 최선을 다해 설명해준다. 그러나 이 같은 이타적 행위는 자신들의 목적을 위한 것이다. 나에게도 이익이 되고 그들에게도 이익이 되는 경우도 많다. 하지만 그렇지 않은 경우도 존재한다. 실적을 올리기 위해 상품을 과대 포장

하는 경우도 비일비재하다. 따라서 판단은 신중하게, 그리고 스스로 내릴 줄 알아야 한다.

특히 미안한 마음에 덜컥 상품을 구매할 필요 없다. 나중에 땅을 치고 후회하는 일이 벌어질 수 있다. 미안한 마음이 든다면 감사의 마음을 담아 음료수 한 상자를 건네면 된다.

시장은 이해득실이 서로 첨예하게 얽혀 있는 전쟁터다. 각박해 보일지라도 시장에 참여할 때는 의심이 많은 편이 낫다. 그렇지 않을 경우 나중에 후회한다. 성격이 착하거나 우유부단하면 특히 나중에 후회할 일이 생긴다. 단호하게 '노'라고 말할 수 있어야 한다.

선수처럼 보일 필요도 있다. 많이 알고 있는 전문가라는 생각이 들면 오히려 솔직하게 모든 것을 이야기하는 경향이 있다. 반대로 선수처럼 보이는 사람은 귀찮다는 듯이 밀어내버리기도 한다. 그들이 원하는 고객이 아닌 셈이다. 차라리 다행이라고 생각하자.

한곳에서 한 사람의 말만 듣고 모든 것을 결정하는 것은 위험하다. 여기저기 돌아다니면서 지식을 쌓다 보면 정보가 깊어진다. 한 발 더 깊숙이 시장 속으로 들어갈 수 있다는 얘기다.

처음 정보를 수집하는 단계에서 굳이 돈이 있는 내색을 할 필요 없다. 사람들은 돈이 없어 보이면 무시당하기 쉽다는 생각에 일부러 있어 보이려고 한다. 물론 돈이 있어 보이면 상대가 더 적극적으로 다가오고 친절하게 대한다. 그러나 없다고 아예 무시하지는 않는다. 조금은 불성실하게 설명하면서 나를 꼭 고객으로 잡겠다는 마음도 크지 않다. 기분 나쁠 수도 있지만 역으로 생각하면 설명만 듣고 그냥 나와도 크게 거리낌이 없다. 세상 모든 일에는 일장일단이 있다.

세상은 철저한 기브 앤 테이크

제 5 계명

재테크에 성공하기 위해서는 공덕을 많이 쌓아야 한다. 손해 보는 듯싶어도 남 좋은 일을 많이 해야 한다. 앞면이 나오는 행동을 많이 하는 것이다. 그럴수록 시간 속에 뒷면을 만들 에너지가 쌓인다. 뒷면을 만드는 이타적인 행동을 하면 그만큼 이익이라는 앞면이 나올 가능성이 높다.

맛집 사장님은 결코 돈에 혈안이 되어 장사하지 않는다. 찾아오는 고객에게 맛있는 음식을 대접한다는 마음을 갖는다. 자식 먹인다는 마음으로 음식을 준비한다. 깨끗하게 비운 그릇들을 보면서 흐뭇해한다. 맛있게 먹었다는 고객들의 말에 마음이 뿌듯하다. 그렇다면 사장님은 고객 만족을 위해 봉사한 걸까? 아니다. 돈은 사장님이 번다.

세상 모든 사람들은 자기 이익을 위해 살아간다. 자신에게 이득이 된다면 상대의 손해는 중요하지 않다. 이런 이기적인 세상에서 살아남기 위해 사람들은 신경을 곤두세운다. 직장에서, 사회에서, 학교에서 승자가 되기 위해 노력한다. 그러나 진정한 승자는 그들과 싸우지 않는다. 시간 속에 공덕을 쌓는다. 좋은 일을 많이 하면 복을 받게 되는 원리를 직관적으로 이해한다.

지하철에서는 자리를 양보하고 사람들 앞에서 겸손해야 한다. 이익이 나면 사장님은 감사한 마음을 담아 직원에게 보너스를 주고, 근로자는 내 일처럼 회사 생활을 해야 한다.

가끔 길에서 리어카에 폐지를 잔뜩 싣고 가는 할머니와 마주친다. 할머니는 왜소한 몸으로 횡단보도 신호등 앞에서 리어카를 간신히 지탱하며 도움을 청한다.

"이봐, 젊은 양반, 파란불 켜지면 이것 좀 밀어줘."

아스팔트 도로는 평평하지 않다. 노란 중앙선이 가장 높고 인도 쪽으로 갈수록 낮아진다. 빗물이 양옆으로 흘러가도록 만든 구조다. 횡단보도를 가로지르는 것이 보통 사람에겐 평지를 걷는 일이지만 리어카를 끄는 할머니에게는 언덕을 오르는 일이다. 그 사실을 알기에 할머니의 요청에 맑게 대답한다.

"네, 그러세요."

그리고 할머니를 돕는다. 길을 건넌 할머니는 '고맙다'는 말도 없이 휙 가버린다. 그래도 기분이 좋다. 좋은 일을 했다는 뿌듯함이 솟구치기 때문이다. 시간과 돈이 많이 들어간 것도 아니다. 할머니가 인사를 하지 않고 가버린 이유는 돌아볼 시간이 없어서다. 중앙선을 넘어 내리막길을 달리는 탄력을 이용해 최대한 멀리 가야 하기 때문이다. 유심히 관찰한 결과 알아낸 사실이다.

"도와줬으면 고맙다는 말 정도는 해야 되는 거 아냐."

횡하니 사라지는 할머니를 흘겨보는 사람들이 있다. 이타적 행동에 이기적 만족이 없기에 좋은 일 하고도 마음 한구석이 불편하다. 그러나 그 순간 시간에 공덕을 쌓은 것이다. 언젠가 보상으로 돌아온다.

앞에 맛있는 밥상이 있고 사람들이 둘러앉았다. 그런데 수저가 너무 길어서 음식을 떠서 내 입에 넣을 수 없다. 적은 이익에 매몰된 사람은 긴 수저로 어떻게든 밥을 떠서 내 입에 넣으려 한다. 성공보다 실패하는 경우가 더 많다. 반면 큰 이익을 생각하는 사람은 긴 수저로 밥을 떠서 앞사람 입에 넣어준다. 앞사람도 밥을 떠서 나에게 준다. 둘은 무척 배부르게 먹는다.

작은 이기심은 희생양을 찾아다닌다. 서로 잡아먹으려는 이기심들이 부딪히면 불꽃이 튄다. 반대로 큰 이기심은 도움을 주고받을 수 있는 파트너를 찾는다. 희생양을 찾을 때보다 좋은 파트너를 만났을 때 우리는 더 큰 성공 가능성을 확보할 수 있다.

재테크 시장도 경쟁이 치열하다

제 6 계명

재테크가 돈을 버는 기술이 아닌 상품이 되고 있다. 그러면서 재테크하는 사람이 아닌 상품을 파는 사람이 돈을 버는 구조로 변해가는 느낌이다.

페이스북은 이름까지 메타로 바꾸고 사이버 부동산 개발 사업에 나섰다. 사이버 공간에 땅을 만들고 빌딩을 세워 팔면서, 향후 시세차익을 노릴 수 있다고 말한다. 지금 저렴한 가격에 디즈니랜드를 사놓으면 나중에 비싸게 팔 수 있다고 이야기한다. 게임도 하면서 돈도 벌 수 있다고 광고하는 상품도 등장했다.

그러면서 하나의 변화가 감지되고 있다. 라스베이거스 도박장에서 돈을 버는 사람은 도박꾼이 아닌 도박장을 개설한 사람들이다. 재테크 시장도 마찬가지다. 재테크를 하는 사람이 아닌 상품을 파는 사람이 돈을 번다.

반면 재테크하는 사람들은 그만큼 돈을 벌기 어려워졌다. 재테크에 나서는 사람들이 늘어나면서 경쟁이 치열해졌기 때문이다.

분명한 사실은 재테크를 한다고 해서 모두 부자가 될 수 없다는 점이다. 모든 사람들이 돈을 벌 수 없는 것이 자연의 순리다. 더하기 빼기를 했을 때 제로가 되어야 하기 때문이다. 내가 버는 만큼 누군가 잃는다. 내가 던진 동전이 앞면이 나왔다면 누군가는 뒷면이 나오게 되어 있다. 상품 판매자가 돈을 번다면 구매자는 그렇지 못할 가능성이 높다. 상품을 판매하는 사람도 늘고 구매자도 늘었다면 그만큼 경쟁은 치열해지고 승패가 날카롭게 갈릴 가능성이 높다.

재미있게 할 수 있는 재테크를 찾아라

아이들 생일 선물로 삼성전자 주식 3~4주를 줬다는 분이 있다. 어릴 때부터 재테크 경험을 하면 성인이 되어서 도움이 될 것으로 판단해서다. 그런데 아이가 커서 취직해 받은 월급을 전부 주식에 투자해 큰돈을 잃었다고 한다. 은퇴한 장인어른에게 소일거리로 하시라고 주식 몇백만 원어치를 사드렸는데, 단타 매매에 빠져 결국 살고 있는 집까지 날렸다는 안타까운 이야기도 있다.

재테크를 취미 생활처럼 쉽게 접근하면 자칫 출발 자체가 제대로 되지 않을 수 있다. 내 재산을 걸고 하는 일종의 머니 게임의 성격이 강한 곳이다. 남는 시간에 부수입을 올리는 취미 생활이나 부업 활동이 아니다. 내가 잃어야 상대가 돈을 버는 상황도 분명 존재한다. 취미로 접근할 수 있는 영역이 아니다. 진심을 다해야 한다.

그러나 재미는 있어야 한다. 재테크를 하기 위해서는 경제 공부를 많이 해야 한다. 그러려면 공부하는 게 재미있어야 한다. 공부하기 싫으면 은행 예금에 돈을 넣어두면 된다. 어떤 것에도 흔들려서는 안 된다. 주식이나 부동산에 투자하면 돈을 벌 수 있다는 누군가의 이야기에 마음이 흔들렸다면 가장 먼저 해야 할 것이 바로 공부다.

공부를 해도 도무지 이해 안 되고 재미도 없으면 안 하는 것이 상책이다. 공부하지 않고 부동산이나 주식을 사는 것은 운전을 배우지 않고 자동차 운행에 나서는 것과 같다. 사고 위험이 상당히 높다. 나중에 큰돈을 잃고 비싼 수업료를 치렀다는 말을 하게 된다.

재테크의 달인을 자부하는 분이 소위 갭투자로 돈 한 푼 들이지 않고 수익률 좋은 원룸을 매입했다. 처음에는 의기양양했다. 본인의 재테크 실력이 유감 없이 발휘됐다고 생각했다. 그런데 1년쯤 해보니 원룸과 같은 수익형 부동산을 운용한다는 것이 생각만큼 이득도 없을 뿐만 아니라 이런저런 신경 쓸 일이 많아지면서 스트레스를 받기 시작했다. 결국 그는 매입한 지 1년 만에 팔아버렸다. 10년쯤 갖고 있었으면 부동산 가격이 올라 큰돈을 벌 수 있는데 아쉽지 않느냐고 하면 그전에 본인이 스트레스로 큰 병을 얻을 것이라며 스스로 위안한다.

남들이 부동산 투자로 돈을 벌었다고, 주식으로 돈을 벌었다고 나도 따라 나설 필요 없다. 재미없거나 흥미를 느끼지 못한다면 권하고 싶지 않다. 재미도 없고 스트레스도 심하면 설사 돈을 벌어도 건강을 해칠 수 있다.

재테크의 운은 인간관계다

제 8 계명

《하룻밤에 깨닫는 주역》(한수산, 김유하, 강인갑 공저)에 따르면 사람들은 성공과 실패를 평가할 때 2가지 잣대를 놓고 분석한다. 실력과 운이다. "저 사람은 실력은 있는데 운이 안 좋다"며 안타까워하는 경우가 있다. 반대로 "저 사람은 실력은 없는데 참 운이 좋다"고 말하기도 한다.

예를 들어 치킨집을 하다 실패한 사장님이 "가장 맛있는 프라이드치킨 만드는 비법을 개발했지만 갑작스럽게 조류독감이 터져서 망했다"고 말했다. 실력은 있지만 운이 없다고 말하는 셈이다. "찍은 답이 전부 맞는 바람에 대학에 붙었다"고 한다면, 본인 실력보다 운이 좋아 합격했다고 말하는 셈이다.

사실 사람들은 운을 경시하고 실력을 중시하는 경향을 보인다. 운이란 내가 컨트롤할 수 있는 영역이 아닌 탓이다. 그러나 《하룻밤에 깨닫는 주역》에 따르면 꼭 그렇지도 않다. 운을 좋게 만들 수도 있다.

실력과 운은 모든 사물을 평가할 때 사용하는 내부적 외부적 요인을 통칭한다. 실력은 내부적 요인이고 운은 외부적 요인이다. 실력만으로 성공할 수 없다는 사실은 외부적 요인이 반드시 영향을 미친다는 뜻이다. 오로지 실력만으로 승부하는 시험에서도 운이 당락을 결정할 때가 있다.

운은 또다시 내가 통제 가능한 운과 그렇지 못한 운으로 구분된다. 예컨대 우크라이나 전쟁은 내가 통제할 수 없는 요인이다. 코로나19와 조류독감도 마찬가지다.

아울러 찍기 신공도 내가 컨트롤할 수 있는 운이 아니다. 동전을 던져 앞면과 뒷면을 운 좋게 10회 연속 맞혔다고 해서 '이제 감 잡았어' 하면서 계속 맞힐 수 있는 것도 아니다. 이렇듯 내가 통제 불가능한 요인이 전체 성공의 40퍼센트를 차지한다고 봐야 한다.

그리고 내가 통제 가능한 운이 30퍼센트다. 따라서 운이 7할에 재주가 3할이라는 운칠기삼(運七技三)이 된다. 통제 가능한 외부 환경 가운데 가장 중요한 것은 사람과의 관계다. 인간관계를 통해 좋은 운을 채울 수도 있고 그렇지 못할 수도 있다.

《삼국지》의 유비는 사실상 실력이 별로 없었다. 그런데 사람과의 관계를 잘 푸는 재주를 가졌다. 신의를 지키고 친절을 베풀어 주변의 도움을 많이 받았다. 특히 제갈공명이라는 명재상을 수하로 거느리는 행운을 얻었다.

　반대로 너무 뛰어난 실력 탓에 주변 사람들을 업신여기고 무시하다 그들의 배신을 자초해 무너지는 경우도 수두룩하다. 이렇듯 내가 통제할 수 있는 운이 30퍼센트다. 그걸 잘 끌어오면 실력이 부족해도 성공할 수 있다. 반면 그걸 발로 차버리면 그만큼 성공 가능성은 떨어진다.

　열심히 재테크 공부를 하는 것도 좋지만 주변에 좋은 사람과 함께할 수 있는 네트워크를 만드는 일도 필요하다. 그래야 운과 실력이 겸비되면서 재테크에 성공할 확률이 높아진다.

　좋은 운을 만드는 또 하나의 방법은 앞서 이야기한 공덕을 쌓는 것과 결부된다. 착한 일을 많이 하면 복을 받는다고 한다. 흥부는 그저 제비 다리를 고쳐줬을 뿐인데 대박을 터뜨렸다. 실력을 쌓고 좋은 관계를 맺는 한편 공덕을 쌓으면 성공 가능성은 최소한 60퍼센트에 도달한다.

편법은 반드시 부메랑으로 돌아온다

돈에는 독한 향기가 담겨 있다. 그것이 때론 사람의 눈과 귀를 멀게 한다. 편법으로 이득을 얻고 싶은 유혹에 빠지는 것이다. 수수료 1천만 원을 받기 위해 10억 원이 넘는 친구의 돈을 전혀 개발 가치가 없는 땅에 투자하도록 유도하는 부동산중개사무소 사장을 본 적이 있다. 실제 이런 일이 비일비재한 곳이 우리가 사는 세상이다. 사람이 문제가 아니다. 돈에는 그만큼 독한 기운이 담겨 있다. 평소 착하고 성실한 사람이 순간적으로 돈에 눈이 멀기도 한다.

그럴수록 정도를 걸어야 한다. 그것이 옳고 도덕적인 길이어서가 아니다. 그것이 남는 길이기 때문이다. 이것이 자연의 순리다.

사기까지는 아니어도 남의 눈에 피눈물 나게 해서 돈을 벌었다고 해보자. 그러면 시간 속에는 그것을 원점으로 돌릴 에너지가 생긴다. 억지로 앞면을 만들었다고 해서 그걸로 끝이 아니다. 동시에 뒷면이 나올 에너지가 만들어진다. 그리고 뒷면이 나오는 순간 모든 것이 원점으로 돌아간다.

정도를 걷는 것은 반대다. 당장은 손해를 본다. 남들은 빨간불에 신호등을 빨리 건너는데, 나 혼자 파란불이 켜질 때까지 기다리면 뒤처지는 느낌을 받는다. 그래도 정도를 지켜야 한다. 손해가 발생하는 순간 그것을 원점으로 돌릴 에너지가 만들어진다. 그리고 그것이 현실이 되는 순간 이득을 본다.

사실 정도를 걷든 그렇지 않든 더하기 빼기를 하면 결국 제로다. 동시에 조삼모사(朝三暮四)다. 편법을 쓰면 아침에 3개를 얻었다 저녁에는 3개를 빼앗긴다. 반면 정도를 가면 아침에 3개를 빼앗겼다 저녁에 3개를 얻는다. 더하고 빼면 결과는 같다.

그런데 단 하나의 차이가 있다. 마지막에 뭔가 남아 있는 사람은 정도를 걸었던 사람이다. 정도가 정도인 이유는 도덕적으로 옳아서가 아니다. 마지막에 남아서다. 재빠르고 약삭빠르게 굴면 당장 뭔가 얻는 것 같지만 나중에 잃는다.

영화에는 영웅과 악당이 나온다. 영웅은 처음에 핍박과 억압을 받고 억울한 일을 당한다. 악당은 영웅을 억압하고 짓누르면서 이런저런 이득을 취한다. 그런데 결론에 가서는 영웅이 이기고 악당은 손해를 본다. 여기에 사람들은 박수를 친다. 결과적으로 균형을 잡았기 때문이다. 그 안에 세상의 순리가 담겨 있다.

중요한 것은 흔들리지 않는 마음이다

제 10계명

인생을 살아가다 보면 수많은 일들이 벌어진다. 그 순간 우리는 늘 어떤 판단을 해야 될 상황을 마주한다. 그때 동전 던지기를 한 번쯤 기억해보자. 가야 할 방향을 판단하는 데 도움을 얻을 수 있다.

특히 예측 가능성의 오류를 피해야 한다. 미래가 정해져 있고 단기적 예측이 가능하다는 생각에서 벗어나야 한다. 시간에도 자유의지가 있다는 사실을 잊지 않아야 한다.

선조가 임진왜란에 앞서 일본에 사신을 파견했다. 토요토미 히데요시가 일본을 통일한 여세를 몰아 조선을 침략할 뜻이 있는지 살피기 위해서였다. 당시 사신 대표 황윤길은 일본이 침략할 가능성이 크다는 서신을 선조에게 보냈다. 반면 부대표였던 김성일은 분명 같은 걸 봤는데 그런 조짐은 전혀 보이지 않는다면서 크게 걱정할 필요 없다고 말했다. 같은 현상을 보고도 정반대의 이야기를 했던 대표적인 사례이다.

학창 시절 배운 국사 교과서에는 부대표 김성일이 일부러 다른 당파였던 황윤길과 반대되는 보고를 했고, 이 때문에 조선이 일본 침략에 대비하지 못했다고 나온다. 물론 전혀 틀린 이야기는 아니다. 동시에 일본이 조선을 침략했기에 결과론적 해석의 측면도 있다.

동전 던지기를 3회 실시한 결과 계속 앞면만 나왔다면, 영희는 이제 뒷면이 나올 가능성이 크다고 이야기할 수 있고 철수는 앞면이 계속 나왔기에 쭉 앞면만 나올 확률이 높다고 이야기할 수 있다. 결과는 던져봐야 안다. 누구도 미래를 알 수 없다.

특히 간다고 말하면 멈추고, 멈춘다고 하면 갈 수 있는 인간의 '자유의지'가 결합된 상황에서는 더욱 그렇다. 침략하지 않을 것이라고 판단해 준비를 안 하면 쳐들어가고, 침략한다고 판단해 철저히 준비하면 안 가면 그만이다. 미래는 상황에 따라 유동적이란 사실을 받아들여야 생각이 경직되는 걸 막을 수 있다.

황윤길의 주청에 따라 철저히 전쟁에 대비했는데 정작 일본이 조선을 침략하지 않았을 수도 있다. 그러면 황윤길은 왜구 침략이란 허구적 공포를 조성해 전쟁 준비에 쓸데없이 국력을 낭비했다는 비난을 받는다.

아울러 우리는 능동적으로 특정 면이 나오는 행위를 할 수 있다. 이것을 바탕으로 시간 속에 에너지를 쌓을 수 있다. 예컨대 앞서 이야기했듯이 공덕을 많이 쌓는 것이다. 남들이 성공할 수 있도록 돕는 것이다. 힘들고 어려운 상황에서 좌절하지 않고 참고 견디기도 한다. 결과적으로 내 행동의 패턴을 스스로 결정함으로써 시간 속에 정반대의 에너지를 쌓아간다.

살다 보면 갑작스럽게 불행한 일이 닥칠 때가 있다. 동전의 뒷면이 나온 것이다. 절망적이고 고통스럽지만 참고 견디면 언젠가 앞면이 나온다. 고통에 빠진 사람을 위로하고자 생긴 말이 아니다. 그것이 자연의 순리다.

안타까운 사실은 반대도 존재한다는 점이다. 갑작스럽게 행운이 찾아올 때가 있다. 동전의 앞면이 나온 것이다. 기쁘고 즐겁지만 언젠가 뒷면이 나올 시간이 예약되는 순간이기도 하다. 재테크 투자에 성공해 돈을 벌었다고 너무 기뻐할 필요 없다. 그래야 다가올 고통을 그나마 줄이거나 대비할 수 있다.

지금부터 다시 시작하는 재테크

RE:테크 _리테크

초판 1쇄 인쇄 2023년 4월 7일
초판 1쇄 발행 2023년 4월 14일

지은이 장순욱
펴낸이 신경렬

상무 강용구
기획편집부 최장욱, 송규인
마케팅 신동우
디자인 박현경
경영지원 김정숙, 김윤하
제작 유수경

편집 추지영
표지 본문 디자인 cre.8ight

펴낸곳 (주)더난콘텐츠그룹
출판등록 2011년 6월 2일 제2011-000158호
주소 04043 서울시 마포구 양화로 12길 16, 7층(서교동, 더난빌딩)
전화 (02)325-2525 | **팩스** (02)325-9007
이메일 book@thenanbiz.com | **홈페이지** www.thenanbiz.com

ISBN 979-11-978298-8-8 (03320)